W0282409

Cahier n° 14

Mes recettes du Quercy et du Rouergue

Il y a longtemps que le Lot s'est offert aux plus adorables Nimois qu'il existe. Il est désormais temps de se lancer dans la cuisine du Quercy pour que le goût du Lot vous accompagne toute l'année.

On vous aime.

Joëlle

17, avenue Théophile-Gautier, 75016 Paris
ISBN : 2-86253-363-7

Cahier n° 14

Mes recettes du Quercy et du Rouergue

Note de l'éditeur

Quel art, quelle patience, quel amour mettaient nos grands-mères et grands-tantes à consigner des recettes destinées à régaler leur nombreuse famille, leurs amis et voisins.

C'est après avoir découvert dans les archives familiales des cahiers calligraphiés avec tant de soin que m'est venue l'idée de cette collection.

Bien sûr, les cahiers d'où sont extraites la plupart de ces recettes comportent souvent des explications fantaisistes,

cela ajoute d'ailleurs à leur charme : on y met les pâtes à lever sous l'édredon, les fru its à macérer au frais à la cave ; les proportions y sont évaluées en bols, en poignées, en cuillères à thé...

Pour faciliter la réalisation de vos repas régionaux,nous avons préféré faire cohabiter harmonieusement XIXe et XXIe siècles et avons modernisé quelques indications.

Les recettes proposées ici sont calculées, sauf exception,
pour six à huit personnes.
Pour ceux qui voudraient utiliser un autre appareil de cuisson
que le bon vieux fourneau des familles :
four doux = th. 3-4 ; four moyen = th. 6 ; four chaud = th. 8

Introduction

Au fond d'une malle en osier un peu délabrée, entre une pile d'Illustrations grignotées aux angles par quelques rongeurs et des catalogues de la Manufacture de Saint Etienne, deux petits cahiers aux pages jaunies à l'écriture vive et régulière. L'un de recettes, l'autre de chansons. Ce n'étaient pas ceux de ma grand-mère dont la maison avait été vendue il y avait déjà bien longtemps, mais ceux d'une grand-mère dont j'allais faire connaissance grâce à ses cahiers. Plus cuisinière que chanteuse, je tournai tout de suite les pages du cahier de cuisine dont certaines étaient collées entre-elles par l'humidité. Alors les odeurs de mon enfance me revinrent en mémoire, de tourin, de farci, de volailles grillées, de champignons, de beignets et aussi, l'odeur du pain. Je dévalai l'escalier du grenier pour me précipiter vers le cantou. Marmite, crémaillère, lèche-frite, cocotte, coquelle, braisière et tourtière étaient là, qui m'attendaient. A moi de faire revivre le cantou qui me fascinait tant lorsque j'étais enfant alors que ma grand-mère, fée, sorcière et magicienne nous régalaient tous. Elle était généreuse, gaie et créative et ne comptait pas sa fatigue pour nous faire plaisir.

J'avais tout partagé avec elle, les cueillettes du jardin et aussi celles des plantes sauvages (c'étaient celles que je préférais), et, juchée sur un tabouret, je l'assistais dans toutes ses préparations lorsque l'école ne me retenait pas loin d'elle.

Ma grand-mère n'écrivait pas ses recettes et lorsque ma mère la questionnait, elle répondait : « tu en mets un bon peu » ou encore « tu laisse cuire jusqu'à ce que ce soit cuit ». Moi qui l'observais et cuisinais avec elle, je savais que ces imprécisions ne tenaient pas à un désir de garder ses recettes pour elle. Mieux, si elles décourageaient ma mère, elles m'enchantaient car elles laissaient place au désir, à l'interprétation et à la créativité de chacun.

Elle aimait partager, mais savait-elle qu'elle possédait un savoir et un savoir-faire, un savoir de toujours, une science à transmettre ? Si l'on voulait savoir, il fallait l'observer et faire avec elle. Elle ne refusait personne dans sa cuisine.

Le manque, elle l'avait connu puisqu'elle avait vécu les deux guerres et sa créativité, lors de ces périodes de pénurie, elle avait su la révéler, comme d'ailleurs les femmes des milieux les plus modestes avaient toujours su le faire. La soupe, parfois faite d'un rien, base des repas quotidiens, était quand même très bonne : un ou deux oignons, un os ou un petit morceau de lard, de l'ail, une carotte, quelques fanes, quelques herbes, et voilà ! On a du mal à imaginer que le vermicelle était un luxe réservé aux grandes occasions et que le farci dont on se régale ne servait qu'à magnifier les plats les plus modestes. Pour le reste, nos grands-mères suivaient le fil des saisons, puisant dans le potager, le verger et la basse-cour et elles ne rechignaient pas à préparer les produits de la chasse ou de la pêche.

Ma grand-mère n'a jamais rien dit de sa fatigue, de ses renoncements, de ses frustrations, de sa solitude. Rien non plus du froid le matin, du feu à allumer et à maintenir et de la nécessité de conserver et de ne rien gâcher, de varier les repas avec le peu qu'on avait. Rien dit d'une lassitude.

Tout en hachant viande ou échalotes, elle me racontait les fêtes qui rassemblaient familles, voisins et amis et étaient l'occasion de préparer les meilleurs plats : les semailles, la Saint-André, Carnaval, les fêtes votives, la Saint-Jean, etc… Et tous les événements : baptêmes, mariages et enterrements. Moqueuse, elle ponctuait cela d'anecdotes, mimant les uns et les autres et, si les larmes nous venaient aux yeux, ce n'était pas que nous épluchions forcément des oignons. Que de fous rires aussi j'ai partagés avec elle !

Des pas sur le gravier de la cour… Je referme le petit cahier, pleine de tendresse pour cette grand-mère qui m'accueille ainsi dans sa maison que je viens d'acquérir. J'y serai bien !

Entrées et soupes

Anguilles frites

. petites anguilles
. farine
. verjus
. citrons
. sel, poivre

Dépouiller les anguilles, bien les nettoyer et surtout retirer la partie sanguine adhérente à l'arête.
Choisir de préférence des anguilles de rivière qui sont meilleures que celles des étangs. Les fariner et les faire frire. Servir avec du citron ou un filet de verjus, du sel et du poivre.

La sanguette

. le sang des oies et des canards
. plusieurs gousses d'ail
. oignons
. lard
. persil
. mie de pain

Récupérer le sang des oies et des canards saignés le matin. Le faire cuire à la poêle avec un mélange d'ail, d'oignons, de persil, de lard haché et ajouter une poignée de mie de pain rassis émiettée.
Servir sur des tranches de pain grillées ou pas.

Maman en servait toujours au repas de midi, le jour de la tuée des oies et des canards gras, lorsque les voisins venaient nous aider et lorsque les foies et les confits étaient cuits.

Magrets séchés aux poivres

Pour 1 kg de magret
- 30 g de sel
- 5 g de poivre
- 1 mélange de poivre en grains

Déposer les magrets dans une terrine et les recouvrir avec le sel et le poivre. Les laisser reposer au frais pendant 48 heures. Après ce temps, les rouler sur le poivre concassé et, à l'aide d'une aiguille, faire passer une ficelle fine à l'une des extrémités pour pouvoir les suspendre et les laisser sécher dans la cheminée pendant 15 à 20 jours. Les servir découpés en très fines tranches, comme entrée avec une salade ou en complément d'une salade quercynoise.

Salade aux noix

- 450 g de laitue ou de salades variées
- 200 g de cerneaux de noix
- 1 cuil. à café de moutarde
- 10 cl d'huile de noix
- 5 cl de bon vinaigre
- 1 échalote émincée
- sel, poivre

Laver et égoutter la salade et, dans un grand saladier, préparer la vinaigrette avec la moutarde, l'huile, le vinaigre, l'échalote, le sel et le poivre. Y déposer les cerneaux de noix et la salade. La mêler au moment de servir. Ajouter quelques herbes de son choix.

Cous de canard farcis

- 2 cous de canard
- 200 g de foie de porc ou de volaille
- 100 g de chair à pâté
- 6 ailerons de canard
- graisse d'oie ou de canard
- 100 g de jambon de pays
- 100 g de ventrêche
- 50 g de mie de pain
- 4 échalotes
- 1 gousse d'ail
- sel, poivre

Retourner la peau des cous de canard en évitant de la percer. Coudre l'extrémité la plus petite, côté tête, et remettre la peau à l'endroit. Récupérer la chair des ailerons et des cous et la hacher. Y ajouter le foie de porc ou de volaille, les échalotes émincées, la ventrêche, le jambon de pays coupés en dés, l'ail écrasé, le pain trempé dans un bol de bouillon ou de lait chaud, un peu de chair à pâté ou de gras de canard.

Hacher finement sur la planche avec le couperet pour obtenir un mélange parfaitement homogène. Saler et poivrer généreusement. Remplir les peaux sans bourrer car la peau rétrécit à la cuisson et coudre l'autre extrémité. Mettre les cous dans de la graisse de canard bouillonnante. Après une demi-heure environ, quand ils sont cuits, ils remontent à la surface.

Les servir froids avec une salade ou chauds accompagnés de légumes selon la saison (pommes de terre, petits pois, oseille, purée d'orties).

Une truffe hachée ajoutée à la farce ne gâche rien et certains remplacent le foie de porc par du foie gras frais découpé en dés de taille moyenne.

Ecrevisses de Meyronne

. 1 centaine d'écrevisses
. 30 cl de vinaigre
. 20 cl de vin blanc
. 1 noix de beurre
. 1 oignons
. 4 échalotes
. sel, poivre

Hacher l'oignon et les échalotes, les déposer dans une marmite et les faire revenir avec une grosse noix de beurre, à feu doux, sans les faire brunir. Laisser un peu compoter avec un couvercle. Ajouter alors les écrevisses, le vinaigre, le vin blanc, le persil haché, le sel et le poivre. Bien poivrer. Laisser cuire à petit feu, avec le couvercle pendant 10 minutes environ. Servir très chaud.

Gratin de cèpes aux truffes

. 1 pâte feuilletée
. 500 g de cèpes frais
. 1 ou 2 truffes
. 1 cuil. de graisse d'oie
. 20 cl de crème fraîche
. sel, poivre

Emincer les cèpes frais et les faire sauter dans la graisse d'oie ou de canard. Saler et poivrer un peu. Jeter l'huile et verser les cèpes dans une tourtière. Ajouter de la crème fraîche et des lamelles de truffes puis recouvrir le tout avec la pâte feuilletée. Cuire à four chaud 30 minutes environ.

Ce plat est exceptionnel avec des truffes fraîches.

Tourin au confit

. 1 ou 2 quartiers de confit de canard ou d'oie
. 2 cuil. de graisse d'oie ou de canard
. 150 g de lard ou de jambon de pays
. 6 oignons
. 400 g de tomate ou à défaut du concentré de tomates
. 2 cuil. de farine
. 1 verre de verjus ou 1/2 de vinaigre
. 3 l de bouillon ou à défaut, d'eau chaude
. 2 oeufs
. 3 gousses d'ail
. 1 verre de persil haché
. sel, poivre

Faire dorer pendant 5 minutes les quartiers de confit dans la graisse d'oie ou de canard et les réserver. Émincer les oignons et les tomates et faire un hachis avec l'ail, le persil et le lard. Verser le tout dans la poêle où l'on a fait dorer le confit et faire revenir sans laisser brûler les oignons. Saupoudrer avec la farine, faire revenir et mouiller avec le bouillon et le verjus. Saler et poivrer. Quand le tourin est cuit, il faut compter 45 minutes pour que la soupe soit digeste, ajouter les confits. Au moment, délayer les deux jaunes d'œuf avec un peu de vinaigre, les verser lentement dans la soupe qui doit être bouillante, en remuant le tout au fouet. Ajouter alors les blancs légèrement battus à la fourchette en remuant également au fouet. Laisser cuire une minute et servir très chaud, dans la soupière, sur des trempes de pain. Faire chabrot.

On dit que l'on « fait chabrot » lorque l'on verse du vin dans la soupe quand il ne reste plus que quelques cuillérées de bouillon dans l'assiette. La quantité versée dépend du goût de chacun pour le vin. Mélanger donc le vin au reste de soupe et boire à même l'assiette creuse et profonde, à bord relevé que certains appellent « la calotte ». C'est une tradition au repas du matin et du soir.

Salade aux gésiers confits

. 1 ou 2 salades frisées ou un mélange de salades
. 400 g de gésiers confits
. 2 échalotes
. 4 cuil. de de bon vinaigre
. ciboulette et herbes à volonté
. 12 cerneaux de noix
. 1 cuil. de graisse d'oie
. sel, poivre

Emincer les échalotes et les laisser mariner dans le vinaigre une bonne heure. Juste avant de servir, préparer la vinaigrette avec un peu d'huile de noix, les échalotes, le vinaigre de la marinade, le sel et le poivre. Déposer les cerneaux de noix sur la salade. Emincer, mais pas trop finement, les gésiers, les faire réchauffer au bain-marie puis les faire revenir rapidement dans leur graisse. Ajouter un peu de graisse d'oie ou de canard si nécessaire. Verser les gésiers chauds, avec un peu de graisse de cuisson sur la salade. Parsemer de ciboulette, mélanger délicatement et servir tout de suite.

Variante : On peut tout simplement faire réchauffer les gésiers au four, les émincer et les verser sur une bonne salade bien assaisonnée. Selon la saison, on peut aussi ajouter quelques dés de tomates.

Omelette aux asperges

- 2 œufs par personne
- 200 g d'asperges
- beurre
- sel, poivre

Commencer par faire cuire les asperges dans de l'eau bouillante salée pendant 20 à 25 minutes selon leur taille. Bien les égoutter et les découper en tronçons d'un centimètre. Les conserver au chaud. Battre les œufs sans les faire mousser. Saler et poivrer. Faire chauffer la poêle, mettre une noix de beurre et cuire l'omelette. Quand l'omelette est encore baveuse, ajouter les tronçons d'asperges, plier et servir.

Omelette aux cèpes

- 2 à 3 œufs par personne
- cèpes bien fermes
- persil
- ail
- sel, poivre

Couper la queue des cèpes au ras de la tête et retirer la partie terreuse. Les brosser délicatement avec une brosse douce et les essuyer. Ainsi, il n'est pas nécessaire de les laver. Emincer les têtes et leur faire prendre une belle couleur dans un peu de graisse fine mêlée d'huile. Couvrir pour qu'ils ne se dessèchent pas et laisser cuire à peu près 20 minutes. Faire un petit hachis avec le persil, l'ail et les queues des cèpes. Ajouter ce hachis aux cèpes. Saler, poivrer et réserver.

Battre vigoureusement les œufs assaisonnés. Ajouter les cèpes et continuer à battre le mélange. Remettre la poêle à chauffer à feu vif avec un peu de graisse et faire saisir l'omelette qui doit rester moelleuse. La plier sur elle-même et la servir sur un plat chaud.

Omelette aux truffes

. 6 œufs
. 1 ou 2 truffes
. 1 cuil. à soupe de madère
. jus de truffes

Pour la cuisson des truffes :
. eau
. sel
. cognac

Commencer par laver, brosser et peler de belles truffes. Les placer dans un poêlon de terre et verser de l'eau à hauteur d'un centimètre. Saler. Fermer hermétiquement le poêlon et laisser cuire, sans faire bouillir pendant 30 à 40 minutes selon la taille des truffes. Flamber le cognac et l'ajouter au jus de cuisson. Battre les œufs. Saler, poivrer et ajouter généreusement les lamelles de truffes, le jus de truffe et la cuillérée de madère. Battre énergiquement le tout et verser dans une poêle chaude graissée avec du beurre ou de la graisse fine ou mieux encore avec de la graisse de foie gras si on en a. Servir l'omelette baveuse pliée en deux ou roulée avec des lamelles de truffes sur toute sa longueur.

Soupe à l'aoucou

. 1 carcasse d'oie ou de canard
. 1 gros oignons
. 2 gousses d'ail
. 1 brin de céleri
. 5 ou 6 carottes
. 4 navets
. 5 poireaux
. 1 bouquet de bettes
. 2 cuil. à soupe de farine
. 500 g de fromage râpé
. 2 cuil. de graisse d'oie ou de porc
. 1 pincée de quatre épices
. 1/2 l de bouillon
. 2 l 1d'eau
. sel, poivre

Pour le farci :

. mie de pain de campagne
. lait ou bouillon
. 2 jaunes d'œufs
. jambon ou lard ou viande de porc
. persil et fines herbes
. 2 gousses d'ail
. 2 échalotes
. sel, poivre

Dans un grand faitout, faire fricasser la carcasse avec quelques abattis, si on en a, dans la graisse d'oie de préférence, avec quelques tranches de carottes.

Laisser roussir très légèrement et saupoudrer avec la farine. Remuer et mouiller avec le bouillon très chaud puis allonger avec de l'eau très chaude également.

Ajouter le brin de céleri, les carottes, les navets, les poireaux, les côtes de bettes, l'ail pressé, le sel le poivre et la pincée de quatre épices. Laisser cuire lentement pendant 2 à 3 heures, à feu doux.

Une heure avant de servir, préparer le farci et le déposer entre deux feuilles de choux blanchies à l'eau bouillante ou deux feuilles de blettes.

Ficeler comme de petits paquets et mettre à cuire dans le bouillon 30 minutes avant la fin de la cuisson. Servir la soupe sur des trempes de pain en tenant les farcis au chaud, que l'on mangera après la soupe. Prévoir un farci par personne. Pour préparer le farci, faire tremper de la mie de pain rassise dans un bol de bouillon ou de lait chaud. Egoutter et laisser refroidir. Hacher un peu de gorge de porc ou de lard ou de jambon avec un foie de volaille si on en a. Hacher aussi les fines herbes et l'échalote.

Ajouter l'ail pressé, le sel et le poivre. Lier avec les jaunes d'œufs.
Manier le tout pour obtenir un mélange bien homogène.

La carcasse d'oie est aussi appelée « Demoiselle ».

Pâtés du Lot

. 1 bloc de foie gras frais
. 1 ou 2 truffes
. 200 g de foie de porc ou de volaille
. 2 ou 3 cous de canard
. 100 g de chair à pâté ou de gras de canard
. 6 ailerons de canard
. graisse d'oie ou de canard
. 100 g de jambon de pays
. 100 g de ventrêche
. 50 g de mie de pain
. 4 échalotes
. 1 gousse d'ail
. sel, poivre

Récupérer la chair des ailerons et des cous et la hacher.
Y ajouter le foie de porc ou de volaille, les échalotes émincées, la ventrêche, le jambon de pays coupés en dés, l'ail écrasé, le pain trempé dans un bol de bouillon ou de lait chaud, un peu de chair à pâté ou de gras de canard.
Hacher finement sur la planche avec le couperet pour obtenir un mélange parfaitement homogène.
Saler et poivrer généreusement.
Tapisser le fond et les bords des bocaux avec ce mélange.
Placer au centre un bloc de foie gras frais.
Saler, poivrer. Incorporer de petits morceaux de truffes et recouvrir du reste de la préparation.
Déposer une lamelle de truffe avant de refermer le bocal. Stériliser 2 heures.

Omelette aux girolles

. 2 à 3 œufs par personne
. des girolles
. persil
. fines herbes
. sel, poivre

Oter la partie terreuse des girolles et brosser légèrement les têtes. Faire revenir dans un peu de graisse fine pendant 15 à 20 minutes. Ajouter un hachis très fin de persil et fines herbes. Saler et poivrer.
Battre les œufs avec vigueur Ajouter les girolles et battre encore un peu le mélange. Remettre la poêle à chauffer à feu vif avec un peu de graisse et faire saisir l'omelette qui doit rester onctueuse. La plier sur elle-même et servir sur un plat chaud.

Tomates aux herbes du jardin

. 1 kg de tomates variées
. 2 oignons nouveaux
. 1 bouquet de ciboulette
. 1/2 verre de persil plat

Choisir des tomates mûres mais encore bien fermes, mélanger toutes les variétés que l'on a ou qu'on trouve sur le marché, des noires, des rouges, des vertes, des jaunes, petites ou grosses, rondes ou pas. Les laver rapidement, les essuyer, les couper en quartiers dans un saladier, les saler et laisser ainsi 1 heure. Jeter le jus rendu par les tomates.

. 1/2 verre
de menthe
. 1/2 verre
de basilic
. 8 cuil. à soupe
d'huile d'olive
. 4 cuil à soupe
de bon vinaigre
. sel, poivre

Emincer les oignons et les ajouter aux tomates. Rincer les herbes, bien les essuyer. Ciseler grossièrement la ciboulette et pour les herbes autres, conserver les feuilles entières et les ajouter aussi. Battre l'huile et le vinaigre avec un peu de sel. Poivrer à son goût. Verser sur les tomates et servir rapidement.

Les herbes peuvent être changées, selon son goût et ce qu'on a.

Tourte aux cabécous

. raisins secs
. pâte feuilletée
en quantité
suffisante
. des cabécous
. 1 jaune d'œuf

Faire mariner des raisins secs au moins 48 heures à l'avance dans un bon alcool. Chemiser de papier blanc un moule beurré. Foncer le moule avec la pâte feuilletée abaissée. Déposer les cabécous coupés en deux dans l'épaisseur et les raisins égouttés. Recouvrir avec le reste de pâte. Bien sceller les bords et dorer avec l'œuf.
Faire cuire à four moyen, en surveillant la couleur, pendant 30 minutes.
Peut s'accompagner d'une salade à l'huile ou au vinaigre de noix, du pourpier, par exemple.

Soupe à l'oseille

- . 600 g d'oseille
- . 40 g de beurre
- . 1 échalote
- . 1 gousse d'ail
- . 1 l de lait
- . 2 oeufs
- . 20 cl de crème fraîche
- . sel, poivre

Equeuter, laver l'oseille et l'égoutter puis la hacher finement. Hacher aussi l'échalote. Faire revenir, quelques minutes, l'oseille dans le beurre avec l'échalote et la gousse d'ail pressée. Ajouter le lait, saler, poivrer et porter à ébullition. Mélanger la crème fraîche et les jaunes œufs avec un fouet et incorporer le mélange dans la soupe bouillante.

Tourtière aux noix

- . pâte brisée
- . 1 bol de cerneaux de noix
- . 1/2 bol de mie de pain rassis
- . 2 œufs
- . 30 cl de crème fraîche
- . persil
- . 1 bol de fromage râpé
- . 1 bouquet de persil
- . sel, poivre

Faire tremper la mie de pain dans du lait chaud et concasser les cerneaux de noix. Egoutter la mie de pain, la laisser refroidir et hacher le persil. Mélanger alors les cerneaux de noix, le persil, la crème fraîche et la mie de pain avec les œufs entiers. Saler et poivrer. Foncer la tourtière et piquer la pâte avec une fourchette.

Verser la préparation, parsemer de fromage râpé de qualité et de quelques noix de beurre. Cuire à four moyen 35 à 40 minutes. Servir avec une belle salade bien vinaigrée.

Soupe au chou

- . 1 chou
- . 1 kg de pommes de terre
- . 1 os
- . 1 morceau de confit de porc ou de canard
- . 200 g de bon fromage
- . 1 cuil. de graisse d'oie ou de canard
- . 1 ou 2 oignons
- . 2 gousses d'ail
- . sel, poivre

Faire revenir un ou deux oignons émincés dans un peu de graisse d'oie ou de canard et les laisser fondre doucement à couvert. Pendant ce temps, faire blanchir le chou à l'eau bouillante pendant 10 minutes, l'égoutter et le passer à l'eau froide. Verser le chou, l'ail pressé et l'os dans la marmite et recouvrir d'eau froide. Laisser frémir 45 minutes, ajouter les pommes de terre et le confit peu avant la fin de la cuisson des pommes de terre. Verser la soupe bouillante sur des trempes de pain recouvertes de fromage.

Soupe de veau

- . 1,5 kg de jarret de veau
- . 400 g de plat de côte
- . 500 g de tomates
- . 500 g de carottes
- . 500 g de poireaux
- . 1 branche de céleri
- . 1 oignon
- . 2 clou de girofle
- . sel, poivre, eau
- . vermicelle
- . graines de capucines

Mettre le plat de côte dans l'eau froide salée, avec l'oignon piqué des clous de girofle et porter à ébullition. Ajouter alors le jarret de veau et tous les légumes. Poivrer et ajouter du sel si nécessaire. Faire cuire 1 h 30 à faible ébullition. Passer le bouillon et faire cuire le vermicelle. Servir la soupe puis les viandes, chaudes ou froides, accompagnées de moutarde, de gros sel, de cornichons et de graines de capucines, comme le pot-au-feu.

Soupes de fèves de Laguépie

- . 1,5 kg de fèves
- . 2 oignons
- . 2 gousses d'ail
- . 1 cuil. de graisse
- . 1 bouquet garni
- . sel, poivre

Mettre à bouillir deux litres d'eau salée dans un faitout. Ecosser les fèves puis faire revenir les oignons dans un peu de graisse d'oie, sans les laisser brunir.
Quand l'eau bout, verser les oignons, l'ail pressé et les fèves. Laisser cuire 30 à 45 minutes. Egoutter les fèves, retirer le bouquet garni et réserver le bouillon. Passer les fèves au moulin à légumes avec la grille fine, en ajoutant, au fur et à mesure, quelques louches de bouillon. Remettre dans le faitout et faire réchauffer à feu doux pendant 5 minutes. Au moment, ajouter la crème fraîche, bien lier en remuant et servir sur des trempes de pain, si l'on veut.

Potage aux asperges de Pinsac

Couper le bout terreux des asperges, les éplucher entièrement et les laver à grande eau.

. 1 kg d'asperges
. 2 l de bouillon de volaille
. 1 cuil. à soupe de farine
. 30 cl de crème fraîche
. 50 g de beurre
. 2 jaunes d'œuf

Porter à ébullition 3 litres d'eau salée, y plonger les asperges et les faire cuire pendant 20 minutes environ. Les égoutter tout en réservant 2 bons verres d'eau de cuisson et les découper en tronçons. Dans un faitout, faire fondre le beurre, ajouter la farine et préparer un roux blond. Le mélange doit être juste doré. Verser alors lentement le bouillon de volaille et les deux verres de cuisson des asperges en remuant constamment. Laisser cuire à faible ébullition. Au moment, hors du feu, ajouter les asperges, les jaunes d'œufs et la crème fraîche. Mélanger délicatement, sans battre et remettre à réchauffer à feu très doux quelques minutes. Il ne faut surtout pas porter le potage à ébullition, il tournerait.

Velouté de potiron

. 1 kg de potiron
. 50 g de crème fraîche
. 2 cuil. de farine de châtaigne
. 1,5 l d'eau salée
. lait
. sel, poivre

Eplucher et couper le potiron en morceaux et le faire cuire 25 minutes dans un litre et demi d'eau salée.

Une fois cuit, l'écraser au pilon et le remettre dans le faitout. Incorporer alors la farine de châtaignes délayée dans un peu d'eau froide, bien mélanger et laisser cuire 5 minutes. Ajouter du lait si le velouté est trop épais puis la crème fraîche, à feu très doux, sans faire recuire. Bien poivrer.

Soupe aux quatre viandes

Pour 12 personnes :
. 8 l d'eau
. 1 kg de bœuf dans le quasi ou le gîte
. 500 g de plat de côte
. 1 jarret de veau
. 700 g de veau
. 1 poule
. 1 dinde (facultatif)
. 2 oignons
. 2 clous de girofle
. 8 à 10 carottes
. 5 à 6 navets
. 1 brin de céleri en branche
. poireaux
. côtes de bettes
. ail
. sel, poivre

Pour le farci :
. mie de pain de campagne
. lait ou bouillon
. 2 jaunes d'œuf

Prévoir un très grand toupinou, de 20 litres au moins.
Plonger le plat de côte dans l'eau froide avec deux oignons piqués d'un clou de girofle et quelques carottes puis porter à ébullition.
Pendant ce temps, préparer le farci, en garnir la poule et recoudre soigneusement l'ouverture. Ajouter trois bonnes poignées de sel, du poivre, le bouquet garni, et le morceau de gîte piqué de plusieurs gousses d'ail.
Au bout d'une heure, ajouter, au fur et à mesure de la reprise de l'ébullition, le morceau de veau, le jarret puis la poule farcie. Prendre soin d'écumer.
Laisser cuire encore une heure dans le bouillon frémissant. Ajouter tous les légumes. Faire dorer un oignon dans la poêle et le verser dans le toupinou pour colorer le bouillon. Passer le bouillon, y faire cuire du vermicelle et servir très chaud. Faire chabrot si on aime.
Pour préparer le farci, faire tremper de la mie de pain rassise dans un bol de bouillon ou de lait chaud. Egoutter et laisser refroidir. Hacher un peu de gorge de porc ou de lard ou de jambon avec le foie de la volaille.

. jambon ou lard ou viande de porc
. persil et fines herbes
. 1 gousse d'ail
. 1 échalote
. sel, poivre

Hacher aussi les fines herbes et l'échalote. Ajouter l'ail pressé, le sel et le poivre. Lier avec les jaunes d'œufs. Manier le tout pour obtenir un mélange bien homogène.

Réservé aux grandes occasions, ce bouillon est souvent celui qui est offert aux mariés, poivré avec excès, au retour de l'église ou le soir des noces.

Soupe de légumes à la citrouille

. 100 g de haricots en grains
. 200 g de tomates
. 200 g de pommes de terre
. 500 g de citrouille
. 250 g de haricots mange-tout
. 2 gousses d'ail
. 2 oignons
. 1 bouquet garni
. 1 demi-verre de ciboulette hachée
. 1 cuil. graisse
. sel, poivre

Emincer les oignons et les faire suer dans la graisse d'oie. Ajouter les tomates pelées et coupées en quartiers, l'ail pressé et le bouquet garni. Mouiller avec 2 l d'eau, ajouter les haricots en grains et laisser cuire 15 minutes. Ajouter les pommes de terre et la citrouille coupées en cube puis les mange-tout coupés en morceaux et laisser cuire 45 minutes à 1 heure. Verser dans la soupière sur des trempes de pain et attendre 5 minutes avant se servir. Saupoudrer de ciboulette hachée.

Tourin au fromage

. 200 g de lard maigre
. 2 cuil. de graisse d'oie
. 6 oignons
. 500 g de tomates ou 2 cuil. de concentré de tomates
. 2 à 3 l de bouillon ou d'eau chaude
. 2 cuil. de farine
. tranches de pain rassis
. 300 g de cantal
. 2 gousses d'ail, sel, poivre

Eminœr les oignons et dans la marmite, les faire légèrement roussir dans la graisse d'oie ou de canard.
Dans une autre poêle faire revenir le lard maigre découpé en tranchettes et l'ajouter aux oignons. Saupoudrer avec la farine et bien mélanger. Verser alors les tomates découpées ou le concentré de tomates puis l'ail haché, le bouillon ou l'eau. Saler, poivrer et laisser mijoter 30 à 45 minutes à couvert. Pendant la cuisson, déposer plusieurs couches de fines tranches de pain de campagne recouvertes de fromage et verser le bouillon dessus.
Servir très chaud.

Soupe au chou et au fromage

. quelques feuilles de chou vert
. 600 g d'oignons

Faire blanchir les feuilles de chou pendant 5 minutes et les faire cuire dans un bouillon de viande. Si on n'en a pas, il faut ajouter un os ou un morceau de ventrèche dans l'eau. Pendant ce temps, faire revenir une bonne

. 1 bouillon de viande de pot-au-feu ou à défaut : un os ou du lard
. 300 g de cantal entre deux ou de Laguiole
. 80 g de graisse d'oie
. 2 à 3 l d'eau
. tranches de pain rassis
. sel, poivre

poêlée d'oignons avec un peu d'huile ou de graisse fine et l'ajouter au bouillon. Vérifier l'assaisonnement et faire cuire 45 minutes. Faire légèrement griller au four ou au gril, des tranches de pain rassis.
Lorsque la soupe est cuite, égoutter les feuilles de choux dans une passoire et garder le bouillon. Choisir une soupière qui supporte d'aller au four.
Y déposer une couche de trempes de pain, une couche de chou, une couche de cantal puis une louche de bouillon et recommencer.
Terminer par une couche de fromage. Verser un peu d'huile sur le dessus et laisser gratiner à four chaud.

Soupe de courge

. 1 kg de haricots en grains
. 2 belles courges
. 6 pommes de terre
. 1 cuil. de graisse d'oie ou de saindoux
. sel, poivre

Faire tremper les haricots la veille et les cuire en premier. Et lorsqu'ils sont presque cuits ajouter la courge et les pommes de terre coupées en morceaux. Saler.
Ajouter une bonne cuillère de graisse d'oie, de canard ou de saindoux et saler.
Poivrer avant de servir.

Tourin aux poireaux

- . 400 g de blanc de poireaux
- . 2 à 3 cuil. de graisse d'oie
- . 450 g de pain rassis
- . 2 oeufs
- . 2 gousses d'ail
- . 3 l d'eau
- . sel, poivre

Faire revenir les blancs de poireaux émincés dans la graisse d'oie. Ajouter l'ail haché et mouiller avec l'eau. Saler, poivrer et laisser cuire 30 minutes. Tailler le pain rassis en tranches très fines dans la soupière puis séparer le blanc des jaunes d'œuf. Battre les jaunes, les délayer dans un peu de bouillon et dans la marmite retirée du feu, verser lentement le mélange en remuant vivement le tout au fouet. 1 à 2 minutes avant de servir, mettre les blancs légèrement battus à cuire dans le bouillon. Vérifier l'assaisonnement et verser le tout dans la soupière. Servir très chaud. Faire chabrot.

Soupe de légumes

- . 2 oignons
- . 1 cuil. de graisse fine
- . 2 kg de légumes coupés finement
- . 2 gousses d'ail
- . 3 l d'eau
- . sel, poivre

Faire revenir un ou deux oignons dans un peu de graisse d'oie ou de canard et les laisser fondre doucement à couvert. Ajouter selon son goût des légumes de saison (haricots en grains, haricots verts, poireaux, feuilles de chou, pommes de terre, courgettes, branche de céleri, tomates, orties, pissenlits, oseille, fanes de radis...). Couvrir d'eau, ajouter l'ail écrasé et le sel. Laisser mijoter une heure. Servir sur des trempes de pain.

Variante : on peut ajouter aux oignons un peu de lard gras et dans le bouillon, un os, un petit morceau de couenne de porc ou de confit de canard. Les fanes de radis donnent à la soupe un délicieux goût de noisette, l'oseille de l'acidité, les pissenlits de l'amertume.
La soupe est chaque jour différente.

Tourin blanchi

- 500 g d'oignons
- 100 g d'ail pressé
- 4 cuil. à soupe de farine
- 2 cuil. de graisse de canard
- 2, 5 l d'eau bouillante
- 2 œufs
- 5 à 6 cuillérées à soupe de vinaigre
- sel, poivre

Faire revenir les oignons dans un peu de graisse de canard et les faire légèrement roussir. Ajouter l'ail pressé et remuer le tout à feu vif pendant quelques minutes. Saupoudrer avec la farine et mouiller avec l'eau bouillante.
Saler, poivrer, laisser cuire une bonne demi-heure et passer le bouillon au chinois. Délayer les deux jaunes d'œuf avec le vinaigre, les verser lentement dans la soupe qui doit être bouillante, en remuant le tout au fouet.
Ajouter alors les blancs légèrement battus à la fourchette en remuant également au fouet.
Laisser cuire une minute et servir très chaud sur des trempes de pain. Faire chabrot.

Friture de la Dordogne

- . 2 kg de friture (gardons, ablettes, goujons)
- . 200 g de farine
- . 50 cl d'huile
- . 2 gousses d'ail
- . 1 verre de persil haché
- . 3 citrons
- . sel, poivre

Laver et essuyer les poissons. Préparer la persillade. Fariner les poissons et les faire sauter à la poêle ou dans une bassine à frire, dans de l'huile très chaude. Saupoudrer de persillade et servir avec des quartiers de citrons.

Foie gras au torchon

- . 800 g de foie gras frais d'oie
- . 5 cl de porto
- . 5 cl de cognac
- . 15 cl de vin blanc liquoreux (sauternes, monbazillac, loupiac)
- . 20 g de sel
- . 1 pincée de poivre
- . 1 pincée de quatre-épices
- . 1 pincée de sucre
- . 0,25 l de lait

Pour le bouillon :

- . 3 l de bouillon de volaille

Commencer la préparation 3 à 4 jours auparavant. Commencer par se préoccuper du bouillon : aussi, la veille, conserver le bouillon de la poule que l'on aura fait cuire et servie pour le dîner, dans lequel on aura fait cuire aussi 1 pied-de-veau fendu ou 300 à 400 g de couenne de porc fraîche. Passer le bouillon pendant qu'il est encore chaud et le réserver. Faire tremper le foie gras au frais, dans de l'eau fraîche salée pendant 1 à 2 heures. Ensuite, retirer le fiel et les veines très délicatement avec un petit couteau, sans abîmer les lobes aux extrémités et remettre le foie à tremper dans l'eau fraîche salée pendant 20 minutes. Préparer la marinade en mêlant les épices, le sel, le poivre, le sucre, le cognac, le porto et le vin

1 pied-de-veau fendu

blanc liquoreux, y déposer le foie et le laisser mariner au frais, pendant 6 à 8 heures. Etaler un torchon humide et bien essoré et le recouvrir de papier cuisson. Egoutter le foie, le poser sur la feuille de papier, le reconstituer du mieux possible et le rouler bien serré dans cette double épaisseur de papier et de tissu puis attacher les deux bouts. Faire chauffer le bouillon. Déposer le foie dans une casserole profonde et pas trop large, verser le bouillon brûlant et ajouter le reste de la marinade. Le foie doit être recouvert. Faire cuire 10 à 12 minutes sans laisser bouillir (90 degrés environ). Egoutter le foie, le laisser refroidir dans le torchon puis le mettre au frais pendant 24 heures. Laisser aussi refroidir le bouillon de cuisson qui va se prendre en gelée. Le lendemain ôtez le torchon et laisser respirer le foie quelques heures au frais puis le protéger. Servir avec la gelée que l'on a réservée et de belles tranches de pain.

Variante : sortir le foie de son torchon, le mettre en terrine et le recouvrir du bouillon tiède. Laisser au frais 48 heures. Le servir aussi accompagné de sa gelée. Il est possible de réaliser la même recette avec du foie de canard. Choisir alors des foies de 500 g environ. Le temps de cuisson ne change pas.

Battue aux oignons

- 7 oignons
- 100 g de graisse d'oie
- 200 g de lait
- 200 g de farine
- 3 œufs
- 1 cuil. à café de sucre
- sel, poivre

Emincer les oignons et les laisser fondre dans la graisse d'oie sans les laisser brunir. Ajouter le sucre, le sel et le poivre, couvrir et laisser cuire à couvert. Ajouter un peu d'eau si nécessaire. Les réserver lorsqu'ils sont cuits.
Préparer la pâte avec la farine, les œufs et la moitié du lait, mélanger puis incorporer le restant de lait. Bien travailler le tout. Graisser un moule, y verser la pâte et étaler les oignons dessus. Cuire à four moyen pendant 20 minutes.

Omelette parfumée aux truffes

- 2 à 3 œufs par personne
- persil
- fines herbes
- sel, poivre

Enfermer dans un même récipient bien clos, la quantité d'œufs nécessaire et quelques truffes, pendant 48 heures. Passer ce temps, faire chauffer une poêle avec un peu de graisse d'oie, battre les œufs avec vigueur, saler et poivrer, et à feu vif, saisir l'omelette qui doit rester onctueuse.
La plier sur elle-même et servir sur un plat chaud.
On obtient ainsi, a peu de frais une omelette très parfumée.

Salade de pissenlits

- . pissenlits
- . 200 g de lard fumé ou salé
- . 1 cuil. à café de graisse
- . 3 cuil. de vinaigre de vin
- . 1 gousse d'ail écrasée
- . sel, poivre

Cueillir, trier, laver et essorer les pissenlits. Découper le lard fumé ou salé, selon son goût ou ce qu'on a, en petits lardons. Les faire revenir dans une poêle avec un peu de graisse. Les faire légèrement dorer et les verser sur les pissenlits.

Rapidement, déglacer la poêle avec le vinaigre et le verser aussi sur les pissenlits. Saler, poivrer et bien mélanger le tout. Pour une salade plus copieuse, on peut ajouter des pommes de terre cuites à l'eau et des œufs durs.

Terrine de confit de canard

- . 3 à 4 cuisses de canards confites
- . 100g de cerneaux de noix
- . 1 cuil. à soupe de ciboulette hachée
- . 1/2 cuil. à soupe de sauge hachée

Dans une sauteuse, faire chauffer rapidement à feu doux, les cuisses de canard pour en éliminer la graisse et réserver cette graisse. Désosser les cuisses et mélanger la chair avec les noix hachées, les herbes, le sel et le poivre et 5cl de la graisse récupérée.

Déposer le mélange dans une terrine, le presser avec une planche et un poids toute une nuit au frais. Servir la terrine coupée en tranches fines avec une vinaigrette à l'huile de noix et sauge et moutarde.

Tourte à l'oignon

. 1 pâte brisée
. 500 g d'oignons
. 200 g de poitrine fumée
. 400 g de pommes de terre
. 2 cuil. de graisse d'oie ou de canard
. 1 œuf
. sel, poivre

Préparer la pâte brisée et confectionner deux abaisses de pâte.
Eplucher, laver, couper les pommes de terre en rondelles et les faire précuire, à couvert, dans un peu de graisse d'oie.
Emincer les oignons, les faire revenir dans la graisse d'oie sans les laisser noircir et les laisser fondre à couvert, dans une sauteuse, avec une cuillérée d'eau si nécessaire.
Dans une autre poêle faire revenir aussi, à feu moyen, la poitrine coupée en morceaux. L'ajouter aux oignons et laisser refroidir. Découper alors une première abaisse de pâte dans un moule beurré et légèrement fariné.
Déposer dessus une première couche de pomme de terre.
Saler, poivrer et verser le contenu de la sauteuse sur les pommes de terre. On peut aussi ajouter quelques morceaux de jambon ou de restes de confit. Bien répartir et recouvrir alors d'une autre couche de pommes de terre.
Saler et poivrer à nouveau et déposer un couvercle de pâte avec la deuxième abaisse.
Faire une cheminée, dorer à l'œuf et cuire à four très chaud pendant 15 minutes puis baisser à four moyen et laisser cuire 35 à 40 minutes. Servir accompagnée d'une bonne salade de saison tout simplement, ou d'une volaille ou d'un rôti.

Soupe au ventre de lapin farci de Rodez

. 1 lapin
. 1 gros oignons
. 2 gousses d'ail
. 1 brin de céleri
. 5 ou 6 carottes
. 4 navets
. 5 poireaux
. 1 bouquet de bettes
. 1 cuil. de graisse d'oie ou de porc
. 2 l d'eau
. 1 bouquet garni
. sel, poivre

Pour le farci :
. 1 bol de mie de pain rassise de campagne
. 1 bol de lait ou de bouillon
. 2 jaunes d'œufs
. 2 à 300 g de porc haché (gorge, jambon, chair à saucisse, lard)
. persil et fines herbes, sel, poivre
. 1 gousse d'ail
. 1 échalote

Préparer le farci en faisant tremper de la mie de pain rassise dans un bol de bouillon ou de lait chaud qu'il faut ensuite laisser égoutter et refroidir. Hacher la gorge de porc, le lard ou le jambon. On peut y ajouter de la chair à saucisse. Le farci se fait avec ce qu'on a. Hacher aussi les fines herbes et l'échalote. Ajouter l'ail pressé, le sel et le poivre. Lier avec les jaunes d'œufs. Manier le tout pour obtenir un mélange bien homogène.

Couper la tête et les pattes du lapin de façon à ne conserver que les côtes et les reins. Retirer les abats aussi.

Garnir le ventre avec le farci et le coudre soigneusement afin que la farce ne s'échappe pas.

Faire revenir un ou deux oignons émincés dans un peu de graisse d'oie ou de canard et les laisser fondre doucement à couvert. Ajouter l'eau bouillante puis l'ail pressé et tous les légumes émincés. Saler, poivrer et faire cuire le ventre de lapin farci dans la soupe de légumes, à petit feu, pendant une bonne heure.

Tourte aux cèpes

- . 1 pâte feuilletée
- . 400 g de pommes de terre
- . 4 cèpes frais
- . ail, persil
- . 1 œuf
- . 1 cuil. à soupe de graisse d'oie
- . 40 cl de crème fraîche
- . sel, poivre

Préparer la pâte feuilletée et confectionner deux abaisses. Faire sauter rapidement les cèpes dans une cuillérée de graisse d'oie avec l'ail et le persil. Saler et poivrer à son goût et laisser refroidir. Pendant ce temps, laver, éplucher et couper les pommes de terre en fines rondelles. Les saler et les poivrer. Déposer alors une première abaisse de pâte feuilletée dans un moule beurré et fariné et verser dessus un lit de pommes de terre crues. Bien répartir. Ajouter alors les cèpes puis une nouvelle couche de pommes de terre. Napper le tout avec la crème fraîche et déposer l'autre abaisse pour former un couvercle. Confectionner une cheminée, bien coller les bords et dorer avec un œuf. Cuire à four très chaud pendant 15 minutes puis laisser à four moyen pendant 30 à 45 minutes.

Beignets de morue

Faire cuire la morue une fois dessalée. Pour cela, mettre la morue dans l'eau froide et retirer la marmite du feu dès la première ébullition. Laisser reposer dans l'eau pendant 20 minutes puis égoutter là. La morue retrouve ainsi toute sa souplesse. Préparez

. 1 kg de morue dessalée
. 1 bouquet de persil
. 1 œuf
. poivre

Pour la pâte à beignets :
. 125 g de farine
. 2 œufs
. 1 cuil. d'eau-de-vie

une pâte à beignets selon cette recette, ou une autre : mettre la farine dans une terrine. Faire un puits, ajouter quelques cuillerées d'eau, une cuillère d'eau-de-vie, du sel et un jaune d'œuf. Laisser reposer 1 à 2 heures. Le moment venu, incorporer vivement deux blancs d'œuf battus bien ferme. Travailler les filets de morue avec un œuf entier battu et du persil haché fin et réaliser des boulettes grosses comme des noix. Les tremper dans la pâte et les faire frire dans de l'huile bouillante. Quatre ou cinq à la fois seulement, selon la taille de la bassine à friture, afin qu'elles gonflent bien. égoutter et servir sur une serviette.

Salade d'herbes de Marie

. pissenlits
. roquette
. pousses d'épinards
. salades diverses
. 1 cœur de céleri
. 300 g de lardons
. 3 cuil. de bon vinaigre
. 1 cuil. 1/2 d'huile
. persil, ciboulette, origan
. sel, poivre

Trier, laver les salades et bien les essorer. Préparer la vinaigrette au fond d'un grand saladier, saler, poivrer, et y déposer la salade. Faire revenir les lardons dans une peu de graisse, sans trop les faire griller et les verser sur la salade. Ajouter les herbes et bien mélanger.

Variante : cette recette se fait avec les salades cultivées et sauvages et les herbes de la saison. Elle peut donc toujours varier. On peut y ajouter des œufs durs et des pommes de terre cuites à l'eau.

Tourte aux pommes de terre

. 2 abaisses de pâte feuilletée
. 1 kg de pommes de terre
. de la graisse de canard ou d'oie
. 50 cl de crème fraîche
. 1 œuf
. sel, poivre

Eplucher, nettoyer et couper les pommes de terre en rondelles. Les faire sauter dans la graisse et avant la fin de la cuisson, les retirer du feu et les égoutter.

Pendant ce temps, foncer une tourtière avec la première abaisse de pâte feuilletée et piquer la pâte avec une fourchette. Déposer les pommes de terre sur la pâte, saler, poivrer et ajouter la crème fraîche.

Recouvrir alors avec la deuxième abaisse, confectionner une cheminée et dorer à l'œuf. Cuire à four chaud 20 minutes environ puis 30 minutes à four moyen.

Servir avec une belle salade ou en accompagnement d'une viande ou d'une volaille.

Variantes : on peut aussi ajouter aux pommes de terre quelques morceaux de jambon ou de restes de confit.

Salade de tamier aux lardons

. tamier en quantité suffisante
. 1 bonne vinaigrette
. 2 à 300 g de lardons

Cueillir le tamier de mars à avril. On le trouve souvent dans les fossés. Bien le laver et le mettre à blanchir jusqu'à la reprise du premier bouillon, pas plus.
Bien égoutter. Mettre la vinaigrette au fond d'un saladier et faire revenir les lardons dans un peu de graisse.
Verser le tamier dans le saladier puis les lardons.
On peut y ajouter des œufs durs.

Variante : remplacer l'huile de la vinaigrette par la graisse de cuisson des lardons avec trois cuillérées de vinaigre qui serviront, avant, à déglacer la poêle chaude. On peut aussi ajouter des pommes de terre cuites à l'eau qui adouciront l'amertume du tamier.

Terrine de lièvre

- 1 lièvre de 3 kg plus ou moins
- 300 g de bardes de lard
- 400 g d'épaule de porc
- 500 g de gorge de porc
- 2 pincées de quatre-épices
- 2 cl d'eau-de-vie de marc ou de cognac
- 5 cl de porto
- 8 grains de genièvre
- 1 feuille de laurier
- sel
- poivre en grains

Dépouiller, vider et désosser complètement le lièvre. Réserver le foie, les râbles et la partie la plus charnue des cuisses. Hacher grossièrement le reste du lièvre et la chair de porc. Changer de grille et hacher finement la gorge de porc et le foie du lièvre. Découper en minces filets la chair des râbles et des cuisses. Assaisonner avec le sel, le poivre, les quatre-épices, l'eau-de-vie, le porto et les baies de genièvre.

Mélanger le tout. Foncer une terrine ou deux, entièrement (fond et bord) avec les bardes de lard. Etendre au fond une couche de farce, puis une couche de filets de lièvre et ainsi de suite jusqu'à ce que la terrine soit pleine. Garnir le dessus du pâté avec le laurier et des bardes de lard. Couvrir.

Poser la terrine dans un plat à four rempli d'eau et faire cuire à four moyen pendant 1 heure 45 à 2 heures. Surveiller la cuisson. Lorsque la graisse qui apparaît autour de la terrine devient limpide, la terrine est cuite. Mettre alors une planchette avec un poids pour presser légèrement le tout. Mettre au frais. On peut la consommer dès le lendemain, mais elle est plus savoureuse deux ou trois jours après.

Variante : On peut ajouter 1 œuf et 125 g de crème fraîche à la farce.

Salade de fèves fraîches à la menthe

. 1 bon kg de fèves fraîches
. 1 tête d'ail
. 3 brins de menthe fraîche
. 6 feuilles de menthe séchées
. herbes du jardin
. huile, vinaigre
. sel, poivre

Ecosser les fèves et les faire cuire avec l'ail et la menthe de façon à ce qu'elles restent fermes. Les égoutter et les assaisonner avec une vinaigrette. Saler poivrer et saupoudrer avec les herbes ciselées. Les herbes peuvent être changées, selon son goût et ce qu'on a.

Salade de pourpier

. 1 l de pourpier
. 1 kg de tomates
. origan
. ciboulette
. huile de noix
. vinaigre
. sel, poivre

Cueillir en été, cette petite herbe grasse qui pousse à l'état sauvage dans tous les jardins et la laver. Epépiner les tomates, les saler et, les réserver ainsi une bonne heure, afin d'éliminer le jus acide. Préparer la vinaigrette et mélanger le tout. Vérifier l'assaisonnement.

Variante : dans certaines familles, le pourpier est ajouté dans la soupe, dans d'autres familles, une fois cuit il est aussi mangé en vinaigrette ou utilisé pour garnir une omelette.

Cagouilles au jus et aux noix

Pour 2 douzaines d'escargots

Pour la préparation :
. 1 dl de vinaigre
. 1 cuillérée de gros sel,
. poivre en grains
. laurier
. clous de girofle
. basilic
. thym

Pour la sauce :

. 100 g de lard maigre
. 2 gousses d'ail
. 2 bonnes poignées de feuilles de bettes ou d'épinards
. 1 bonne poignée de persil
. 1 verre de vin blanc

Faire jeûner les escargots pendant 15 jours. Retirer la pellicule qui s'est formée et faire dégorger 8 heures dans de l'eau tiède vinaigrée avec le gros sel.

Rincer alors plusieurs fois à grande eau.

Faire cuire les escargots très doucement dans de l'eau bouillante avec deux feuilles de laurier, deux clous de girofle, un peu de basilic et de thym et une poignée de poivre en grains. Il ne faut pas rajouter de sel, ou très peu car les escargots en sont saturés. Cuire environ une heure. La cuisson est terminée lorsqu'il est aisé de les sortir de leur coquille. Laisser les escargots refroidir dans le bouillon, les sortir de leur coquille et retirer la partie noire de la queue. Si l'on souhaite présenter les cagouilles dans leur coquille, il faut les laver soigneusement.

Pour cela les mettre à bouillir dans de l'eau mêlée de cendres et les rincez à l'eau froide. Il ne reste plus qu'à préparer la sauce.

Confectionner un hachis avec le lard, l'ail, les feuilles de bettes et le persil. Ajouter le sel et le poivre et mouiller avec le verre de vin blanc et le bouillon.

. 2 verres de bon bouillon
. 1 jaune d'œuf
. 2 cuil. d'huile de noix
. 6 cerneaux de noix (facultatif)
. sel, poivre

Laisser réduire environ 40 minutes à feu très doux.
Ajouter les escargots dans la sauce et tenir au chaud.
Au moment de servir, verser dans la sauce un jaune d'œuf délayé dans deux cuillérées d'huile de noix.
On peut ajouter quelques noix épluchées et hachées.
Servir dans des cassolettes chaudes.

Variante : si l'on préfère servir les escargots dans leur coquille, il faut réserver la sauce et remettre chaque escargot dans une coquille, les déposer dans la marmite puis les remuer sans cesse en tous sens afin qu'ils se réchauffent et s'imprègnent de sauce.
Verser la préparation de jaune d'œuf et d'huile de noix sur les escargots. Servir bien chaud.

On peut aussi les farcir d'un beurre à l'ail et au persil ou tout simplement tremper les escargots dans une bonne vinaigrette confectionnée avec de l'huile, du vinaigre, beaucoup d'herbes coupées très fin (de l'oseille crue, du persil, de la ciboulette...), de l'aillet, du sel et du poivre.

Frisée aux lardons

. 1 ou 2 salades frisées
. 300 g de lardons
. 2 à 3 gousses d'ail
. 4 ou 5 croûtons par personne
. 2 échalotes
. 4 cuil. d'huile de noix
. 2 cuil. de bon vinaigre
. herbes à volonté
. 1 cuil. à café d'huile ou de graisse
. sel, poivre

Découper les croûtons dans du bon pain rassis, les faire légèrement griller et les frotter avec les gousses d'ail. Emincer les échalotes. Préparer la vinaigrette avec l'huile de noix, le vinaigre, les échalotes, le sel et le poivre. Faire revenir les lardons dans un peu de graisse puis jeter la graisse et les verser chauds, sur la salade.

Variante : on peut réaliser la même recette avec des pissenlits.

Légumes et accompagnements

Carottes à la crème

- . 1 kg de carottes
- . 50 g de beurre ou de graisse
- . 1 oignons
- . 1 gousse d'ail
- . 1 cuil. à café de farine
- . 20 cl de crème fraîche
- . persil
- . 1 clou de girofle
- . sel, poivre

Gratter, laver et découper les carottes. Eplucher, hacher grossièrement l'oignon et le faire revenir dans la graisse sans le colorer. Verser dessus les carottes, l'ail, le clou de girofle, le sel et le poivre. Saupoudrer avec la cuillérée de farine et bien mélanger. Laisser cuire à feu très doux et à couvert, bien étanche, pendant au moins 20 minutes puis laisser reposer 5 bonnes minutes avant d'ôter le couvercle. Les carottes seront ainsi encore plus moelleuses.

Prolonger la cuisson de 5 à 10 minutes si les carottes sont du plein hiver et au besoin ajouter 1 à 2 cuillérées d'eau. Au moment de servir ajouter la crème fraîche et saupoudrer avec le persil.

Variante : on peut ne pas mettre de crème fraîche et se contenter de saupoudrer de persil haché. On peut aussi ajouter une pincée de noix de muscade râpée.

Girolles à la persillade et au verjus

. belles girolles
. un peu de lard ou de jambon du pays
. 2 cuil. d'huile
. 1 filet de verjus
. sel, poivre

Brosser et laver rapidement, si nécessaire, de belles girolles bien fraîches. Mettre un peu d'huile dans une sauteuse et laisser suer les girolles. Lorsque l'eau rendue par les girolles est totalement évaporée par la cuisson, les girolles sont presque cuites. Ajouter alors le reste d'huile, saler et poivrer et faites les légèrement dorer. Parsemez les girolles d'un hachis d'ail, de persil et de jambon du pays. Couvrir et laisser cuire 10 minutes. Au moment de servir, arrosez d'un filet de verjus ou à défaut de vinaigre.

Purée d'oseille

. feuilles d'oseille
. beurre
. sel, poivre

Laver les feuilles, enlever les côtes et les faire blanchir dans de l'eau bouillante pendant 5 minutes. Les égoutter et les hacher puis les verser dans une cocotte avec un bon morceau de beurre, le sel et le poivre et laisser cuire doucement pendant 15 minutes.

Morilles au verjus

. morilles
. huile ou graisse fine
. persil
. 1 filet de verjus ou de vinaigre

Laver les morilles à plusieurs eaux, les égoutter et les déposer sur un linge pour bien les sécher. Les faire revenir dans de la graisse fine ou de l'huile, saler, poivrer et couvrir la sauteuse. Après 20 minutes, ajouter le persil haché et un filet de verjus ou, à défaut, de vinaigre. Servir les morilles accompagnées de croûtons frits.

Les morilles ainsi cuites peuvent aussi accompagner une viande ou une volaille.

Coucourles grillées

. coucourles
. huile
. verjus ou vinaigre
. huile de noix (facultatif)
. sel, poivre

Laver et essuyer délicatement les coucourles, ne conserver que les chapeaux, les arroser d'huile et les placer sur le gril au-dessus de douces braises pendant 3 à 4 minutes. Saler, poivrer et verser un filet de verjus ou de vinaigre et un peu d'huile de noix.

Variante : la coucourle est la reine des champignons, mais presque tous les champignons peuvent se cuisiner ainsi lorsqu'ils sont tendres et bien frais. C'est simple et c'est un régal. On peut aussi après quelques minutes les retourner et ajouter un hachis d'échalotes et de persil et bien sûr, au moment de servir, le sel, le poivre, le filet de verjus et l'huile de noix.

Cèpes farcis

- 12 cèpes
- 2 cuil. de mie de pain rassise
- 150 g de jambon de pays
- 1 œuf entier
- 1/4 l de vin blanc
- huile de noix
- 1 bouquet de persil
- 1 gousse d'ail
- sel, poivre

Nettoyer et faire blanchir de beaux cèpes bien réguliers, 1 minute dans de l'eau bouillante, puis les égoutter et les laisser refroidir.

Pendant ce temps, préparer la farce avec le jambon de pays ou un peu de viande de porc ou de confit ou des fritons, les pieds des cèpes, la mie de pain, l'ail pressé et le persil. Hacher le tout, saler, poivrer, bien mélanger et lier avec un œuf entier. Garnir les têtes avec une grosse cuillérée de farce. Déposer les cèpes dans un plat allant au feu, frotté d'ail et huilé avec de l'huile de noix de préférence et ajouter le vin blanc.

Mettre à cuire dans la cheminée en mettant des braises sur le couvercle de la tourtière ou à four chaud tout d'abord, puis modéré pendant 30 à 45 minutes. Arroser régulièrement les cèpes afin qu'ils ne se dessèchent pas.

Gâteau de pommes de terre

. 1,5 kg de pommes de terre
. 2 gousses d'ail
. 4 cuil. de graisse d'oie
. sel, poivre

Eplucher, laver, essuyer et couper les pommes de terre en rondelles. Faire fondre la graisse d'oie et verser avec précaution les pommes de terre. Saler, poivrer et ajouter deux gousses d'ail pressées.

Laisser dorer sans brunir et cesser de les remuer. Laisser cuire tout doucement puis quand les pommes de terre sont bien collées les unes aux autres, les retourner sur un plat et les remettre à cuire sur l'autre face.

Laisser quelques minutes, baisser le feu et poser un couvercle pour conserver le moelleux. Servir en faisant glisser le gâteau de pommes de terre sur une assiette, comme on le ferait pour une omelette. Se déguste en accompagnement de confit ou de viandes grillées ou rôties.

Variante : On peut mêler des cèpes émincés aux rondelles de pommes de terre, mais si on veut y mettre des truffes fraîches, il faut rapidement les émincer, les poêler et les déposer sur le gâteau. Cuites avec les pommes de terre, les truffes perdraient leur parfum et deviendraient dures.

Pommes de terre confites aux cèpes

. 1,5 kg de pommes de terre
. 2 cuil. de graisse
. quelques cèpes
. 2 gousses d'ail hachées
. 1/2 verre de persil haché
. sel, poivre

Eplucher et découper en rondelles les pommes de terre, après les avoir lavées. Laver, sécher les cèpes sur un linge et découper les têtes en morceaux. Faire chauffer la graisse et y jeter les pommes de terre quand elles commencent à fumer. Les faire rissoler à feu assez vif en les retournant à tout instant. Lorsqu'elles commencent à prendre couleur, les saler, les poivrer et ajouter les têtes de cèpes. Couvrir et déposer quelques braises sur le couvercle. Si ce n'est pas possible maintenir au moins le couvercle bien fermé et cuire à feu doux pendant 15 à 20 minutes ou encore mettre au four avec le couvercle.

Préparer un hachis avec les queues de cèpes, l'ail et le persil et le placer dans le poêlon, couvrir et poursuivre la cuisson pendant 30 minutes encore. Lorsque les pommes de terre sont cuites et dorées, les servir avec un poulet, du confit de porc ou de canard, une grillade ou tout simplement une salade de saison.

Variante : si l'on n'a pas de cèpes, on peut se contenter de saupoudrer le hachis d'ail et de persil.

Truffes à la serviette

. truffes à volonté
. eau
. sel
. cognac

Laver, brosser et peler de belles truffes. Les placer dans un poêlon de terre et verser de l'eau à hauteur d'un centimètre. Saler. Fermer hermétiquement le poêlon et laisser cuire, sans faire bouillir pendant 30 à 40 minutes selon la taille des truffes. Flamber le cognac et l'ajouter au jus de cuisson. Présenter les truffes sur une serviette joliment pliée et servir le jus à part.

Conserver les pelures de truffes, pour la recette des côtes de veau aux truffes par exemple.

Fèves au lard salé de Decazeville

. 1,6 kg de fèves
. 400 g de poitrine salée
. 50 g de graisse d'oie
. 100 g d'oignons
. 100 g de carottes
. 20 g de fécule

Ecosser les fèves et découper la poitrine en forme de lardons. Saisir les lardons dans la graisse d'oie et, dans une autre poêle faire de même avec les oignons finement hachés. Ne pas les laisser brunir mais les faire suer. Déposer les lardons et les oignons dans une cocotte et y mettre aussi les fèves et les carottes découpées en mor-

. 1 l de bouillon de veau
. 1 bouquet de fines herbes
. 1 bouquet garni
. sel, poivre

ceaux. Mouiller à hauteur avec le bouillon et déposer le bouquet garni. Laisser cuire environ 45 minutes.
La cuisson terminée, retirer le bouquet garni, lier la fécule avec un peu d'eau froide et la verser sur les fèves.
Remuer, vérifier l'assaisonnement en sel, poivrer et saupoudrer avec les fines herbes hachées de votre choix.

Pommes de terre farcies aux cabécous de Rocamadour

. 1 grosse pomme de terre par personne
. 1 cabécou par personne
. 20 cl de crème fraîche pour 6 pommes de terre
. noix de muscade
. chapelure
. persil
. sel, poivre

Cuire les pommes de terre enveloppées dans du papier cuisson sous la braise ou dans un four chaud pendant une heure. Creuser délicatement les pommes de terre cuites.
Lier la pulpe avec les cabécous et la crème fraîche, saler, poivrer et râper un peu de muscade.
Remettre le mélange dans les robes et saupoudrer les pommes de terre de persil haché et de chapelure.
Faire gratiner à four chaud.

Tomates farcies au maigre

- . 6 belles tomates
- . 1 ou deux cèpes
- . 1 bol de mie de pain rassise
- . 2 œufs
- . 1 bol de lait
- . 1 verre de persil haché
- . 1 brin d'estragon
- . 1 oignon
- . 2 échalotes
- . 1 gousse d'ail
- . sel, poivre

Couper une petite calotte du côté queue des tomates et les mettre de côté. Enlever délicatement les pépins avec une petite cuillère et déposer un peu de sel au fond. Retourner les tomates sur un plat. Cela permet d'éliminer le jus acide.

Préparer la farce avec la mie de pain émiettée et trempée dans du bouillon ou du lait chaud.

Ajouter un hachis d'oignons, d'échalotes et de persil, la gousse d'ail pressée, du sel et du poivre et les cèpes (ou des champignons de couche) coupés en petits morceaux que l'on fait revenir quelques minutes avant dans de l'huile. Lier avec deux œufs entiers.

Bien mélanger le tout, en garnir les tomates et déposer une calotte sur chacune. Les ranger dans une tourtière ou un plat creux huilé et faire cuire à feu moyen pendant 40 minutes environ.

Scorsonères ou salsifis sautés

. 1 kg de salsifis pour 6 personnes
. 1 verre de vinaigre
. beurre ou graisse fine
. sel, poivre

Préparer les salsifis ou scorsonères, et au fur et à mesure de l'épluchage, les plonger dans une bassine d'eau vinaigrée pour les empêcher de noircir.
Les couper et les cuire dans de l'eau bouillante légèrement salée pendant 45 à 50 minutes.
Bien les égoutter et les faire sauter comme des pommes de terre avec du beurre ou de la graisse fine. Saupoudrer de persil haché. Servir en accompagnement d'un rôti.
On peut ajouter le jus du rôti aux scorsonères.

Variante : les salsifis cuits à l'eau et égouttés peuvent être ajoutés dans un ragoût.

Utiliser de préférence les scorsonères du jardin, de novembre à mars, qui grossissent pendant trois années de suite, alors que les salsifis sont annuels et ne se récoltent qu'à l'automne car après ils deviennent filandreux.

Truffes sous la cendre

. 1 belle truffe par personne
. 1 tranche de lard très fine par truffe
. 10 cl de cognac

Brosser les truffes et, si nécessaire, les laver très rapidement pour ne pas alterner leur parfum. Tremper au fur et à mesure chaque truffe dans le cognac, les saler, les poivrer légèrement et les entourer d'une barde de lard très fine. Les envelopper ensuite dans deux ou trois épaisseurs de papier cuisson bien graissé et les faire cuire sous une bonne couche de cendre très chaude, recouverte de braises ou à four moyen pendant 30 à 40 minutes pour des truffes de 100 à 120 g.

Oter les papiers et servir les truffes sur une serviette blanche joliment pliée, seules, ce qui est préférable ou pour accompagner une viande délicate. Avec une tranche de foie gras, cela fait une belle entrée !

Variante : on peut aussi découper des rectangles dans une pâte feuilletée et y déposer les truffes préparer comme précédemment. Mouiller alors les bords du feuilletage, les plier l'un sur l'autre et les badigeonner avec un jaune d'œuf. Faire cuire au four pendant 25 à 30 minutes.

Poireaux au vin rouge

. 1 oeuf par personne
. 50 g de graisse d'oie
. 2 kg 500 de poireaux
. 1 belle tranche de pain par personne
. 2 oignons
. 2 gousses d'ail
. 300 g de carottes
. 150 g de poitrine salée
. 100 g de couenne
. 3 l de bon vin rouge
. 6 cuil. de farine
. 1 pointe de muscade
. 1 branche de thym
. 1 feuille de laurier
. sel, poivre

Nettoyer les poireaux, les couper en deux et les attacher en plusieurs petits paquets. Faire fondre la graisse d'oie dans une marmite, y ajouter les oignons, l'ail, les carottes, la poitrine salée et les couennes coupées en morceaux et faire revenir tout ça. Préparer un roux avec la farine et mouiller avec le vin. Saler, poivrer, ajouter un peu de muscade, le thym et le laurier et laisser cuire pendant 15 minutes.

Déposer les poireaux dans cette sauce et laisser mijoter 1 heure 1/2. Une fois cuits, retirer les poireaux et les réserver. Dans la sauce, casser alors les œufs les uns après les autres, en les séparant bien afin qu'ils ne se collent pas entre eux. Les laisser pocher quelques minutes.

Dans le même temps, faire griller les tranches de pain et les frotter à l'ail. Et rapidement, déposer dessus, les poireaux, la sauce et les œufs. Servir très chaud.

Recette d'Odette Rougié à Saint-Sozy. D'une générosité incroyable, elle ouvre sa table aux voyageurs en panne sur le bord de la route bien qu'elle ne soit pas aubergiste et partage avec nous toutes ses recettes et ses créations culinaires.

Radis poêlés

- . 500 g de radis violets
- . 1 cuil. de graisse
- . 200 g de lardons
- . 3 cuil. de vinaigre
- . sel, poivre

Laver, essuyer les radis, les émincer et faire revenir les rondelles à la poêle avec très peu de graisse et les lardons.

Arroser avec le vinaigre, saler, poivrer et servir chaud. On peut réaliser ce plat avec toutes les variétés de radis.

Scorsonères ou salsifis frits

- . 1 kg de salsifis ou de scorsonères
- . 1 verre de vinaigre
- . sel

Pour la pâte à frire :
- . 125 g de farine
- . 2 œufs
- . 1 cuil. d'eau-de-vie
- . sel

Préparer les salsifis ou scorsonères, et au fur et à mesure de l'épluchage, les plonger dans une bassine d'eau vinaigrée pour les empêcher de noircir. Les couper et les cuire dans de l'eau bouillante légèrement salée pendant 45 à 50 minutes. Bien les égoutter.

Pour préparer la pâte à frire : mettre la farine dans une terrine. Faire un puits, ajouter quelques cuillerées d'eau, une cuillère d'eau-de-vie, du sel et un jaune d'œuf. Laisser reposer 1 à 2 heures.

Le moment venu, incorporer vivement deux blancs d'œuf battus bien ferme. Tremper les salsifis dans la pâte à frire et les plonger dans l'huile fumante. Les laisser bien dorer et les égoutter avant de servir.

Cèpes à la quercynoise

- 1,5 kg de cèpes
- 2 échalotes
- 2 gousses d'ail
- 250 g de tomates
- 100 g de chapelure
- 100 g de graisse d'oie
- persil
- sel, poivre

Nettoyer les cèpes en les brossant doucement et les laver si nécessaire. Bien les essuyer et les émincer et, dans une poêle, les faire dorer avec un peu de graisse puis les saler et les poivrer. Une fois les cèpes dorés, les verser dans un plat allant au four et les mettre en attente.

Laver et éplucher alors les tomates puis les couper, les épépiner, les saler et les poivrer. Hacher l'ail et les échalotes et les faire suer à feu doux et à couvert. Ajouter les tomates et laisser cuire 20 minutes environ. Une fois les tomates cuites en recouvrir les cèpes, parsemer le tout de chapelure et passer au four pendant 10 minutes. Servir très chaud.

Variante : on peut arroser les cèpes d'un jus de citron juste avant de servir.

La pescajoune

. 100 g de farine de blé noir ou blanche
. 3 œufs
. 20 cl de lait
. 1 cuil. de graisse
. 1 pincée de sel

Comme pour la pâte à crêpes, délayer la farine avec les œufs et le lait. Ajouter le sel. La consistance de la pâte obtenue doit être assez épaisse.

Laisser reposer 2 heures puis verser la totalité de la pâte dans une poêle chaude graissée. Faire cuire comme une omelette et lorsque la pâte est prise, la retourner à l'aide d'un plat pour cuire l'autre face. Servir chaud, avec une viande ou une salade.

Coulis de truffes

. 400 g de truffes
. 1/2 l de vin de porto blanc
. 1/2 l de crème fraîche + 2 cuil.
. 3 jaunes d'œuf
. 20 cl de fond de volaille
. sel, poivre

Brosser soigneusement les truffes, au besoin les rincer rapidement et les émincer grossièrement. Faire alors chauffer une demi-bouteille de vieux porto blanc sec puis le faire flamber et y jeter de suite, alors que le porto flambe, les truffes émincées. Lorsque le porto ne flambe plus, ajouter la crème fraîche, le sel et le poivre et laisser réduire de moitié. Verser alors le fond de volaille réduit. Laisser réduire encore un peu la préparation puis la lier avec les jaunes d'œufs battus dans 2 cuillères de crème fraîche. Servir en accompagnement de rôtis, volailles, jambon braisé ou feuilleté aux truffes.

Viandes et poissons

Cailles rôties

. 1 ou 2 cailles par personne
. 100 g barde de lard pour 4 cailles
. sel, poivre

Au début de l'automne, choisir de jeunes cailles de deux à trois mois. Les plumer, les vider, les flamber et saler et poivrer l'intérieur. Les entourer ensuite d'une fine barde de lard, les saler, les poivrer et les faire rôtir à feu vif 10 à 15 minutes, pas plus.

Variante : on peut faire cuire ainsi de jeunes pigeons. Le temps de cuisson sera un peu plus long. Il faut compter 25 à 30 minutes.

Agneau du Rouergue aux genièvre

. 150 g de selle d'agneau par personne
. 8 baies de genièvre
. 2 à 3 cl d'alcool de genièvre
. 80 à 100 g de beurre

Faire désosser la selle d'agneau et découper 3 noisettes par personne. Conserver les os et la parure.
Préparer un jus en faisant colorer la parure et les os avec les baies de genièvre, les carottes, l'oignon, l'ail, le thym et le laurier. Recouvrir d'eau 2 cm au-dessus de la préparation puis ajouter une pointe de concentré de

. 2 carottes
. 1 oignon
. ail
. thym, laurier
. sel, poivre

tomates, du sel, du poivre. Laisser cuire et réduire au trois quarts. Passer alors au chinois, et laisser réduire encore.
Lorsque la réduction est prête, poêler vivement les noisettes d'agneau et débarrasser sur un plat chaud.
Déglacer la poêle avec l'alcool de genièvre, ajouter le jus et incorporer le beurre. Vérifier l'assaisonnement.
Servir les noisettes d'agneau accompagnées de la réduction, de haricots verts ou d'épinards frais.

Côtelettes de veau aux truffes

. 1 côtelette par personne (découverte de préférence)
. pelures de truffes
. 2 dl de madère ou de vinaigre de truffes
. sel, poivre

Dans une poêle bien chaude, faire dorer les côtelettes et prolonger la cuisson, guère plus de 3 à 4 minutes sur chaque face afin qu'elles ne se dessèchent pas.
Réduire le feu si nécessaire. Retirer les côtelettes, les saler et poivrer, les réserver au chaud. Déglacer la poêle avec le madère ou le vinaigre de truffe et ajouter rapidement les pelures de truffes.
Faire cuire 3 minutes.
Recouvrir les côtelettes de cette sauce.

Ase de cochon au safran

. 3 kg d'ase
de porc frais
(estomac de porc)
. stigmates
de safran
. graisse
de canard
. 4 cuil. de farine
. 2 oignons

Pour le court-bouillon :
. 2 oignons
. 2 à 3 carottes
. 4 clous de girofle
. 1 bouquet garni
. 2 verres de vin
blanc
. 1/2 verre
de vinaigre
. sel, poivre

Préparer un court-bouillon avec l'eau, les oignons piqués de clous de girofle, les carottes, le bouquet garni, le vin blanc et le vinaigre. Saler, poivrer et porter à une douce ébullition.

Pendant ce temps, nettoyer et couper l'ase de porc en carrés de deux centimètres. Mettre les morceaux dans le court-bouillon et laisser cuire une bonne heure puis égoutter et faire revenir les deux autres oignons dans la graisse de canard sans les laisser brunir. Ajouter l'ase de porc, faire revenir en compagnie des oignons et saupoudrer avec la farine.

Ajouter les stigmates de safran que l'on aura mis à tremper dans un petit bol d'eau tiède pendant 20 à 30 minutes ainsi que le jus jaune de la décoction et recouvrir du jus du court-bouillon. Mettre le couvercle sur la cocotte et laisser mijoter 20 à 30 minutes pour achever la cuisson.

Servir avec des pommes de terre cuites à l'eau, à la vapeur ou au four.

Comme de nombreuses familles dans le Quercy, nous avons notre petite safranière ce qui nous permet d'utiliser le safran dans de nombreux plats.

Daube froide en gelée

. 2 kg d'aloyau ou de gîte
. 1 pied-de-veau
. vin blanc
. 1 kg de carottes
. 2 gousses d'ail
. 200 g de lard gras
. 2 cuil. de graisse fine
. 12 petits oignons blancs
. 2 échalotes
. 1 bouquet garni
. 4 clous de girofle
. 1 pincée de muscade
. sel, poivre

Piquer la viande avec deux gousses d'ail émincées et larder des dés de lard. Faire revenir dans un peu de graisse fine et d'huile jusqu'à coloration.

Ajouter les petits oignons blancs, les échalotes et le lard gras découpé en petits morceaux. Verser le vin blanc et l'eau-de-vie flambée. Ajouter un ou deux verres d'eau, du sel, du poivre, un peu de muscade, un bouquet garni, deux clous de girofle ou quatre grains de genièvre et le pied de veau fendu.

Enfin, ajouter un bon kilo de carottes épluchées et découpées en fines rondelles. Faire cuire le plus doucement et le plus longtemps possible avec un couvercle bien fermé pendant 4 à 5 heures.

Retirer le pied-de-veau et le bouquet garni. Dégraisser la sauce, en verser un peu au fond d'un saladier puis disposer les carottes et déposer la viande au centre.

Recouvrir du jus de cuisson et laisser refroidir toute une nuit.

Démouler en trempant rapidement le saladier dans de l'eau chaude.

Petits choux farcis aux châtaignes

- . 1 gros chou
- . 500 g de chair à saucisse
- . 1 kg de châtaignes
- . 200 g de poitrine salée
- . 50 cl de bouillon de volaille
- . 100 g de carotte
- . 100 g d'oignons
- . 4 gousses d'ail
- . 1 bouquet garni
- . bardes de lard
- . graisse d'oie
- . sel, poivre

Fendre l'écorce des châtaignes, les plonger 5 minutes dans l'eau bouillante et retirer les deux peaux. (On peut le faire la veille). Blanchir les feuilles de chou à l'eau bouillante, les rafraîchir et les étaler sur un linge.

Cuire lentement les châtaignes épluchées dans le bouillon de volaille puis les retirer avec une écumoire et réserver le bouillon. Mélanger les châtaignes à la chair à saucisse. Saler, poivrer. Avec cette farce, composer des boules de la grosseur d'un œuf et les entourer des feuilles de chou blanchies. (On aura pris soin de séparer les feuilles en autant de tas que de petits choux à réaliser).

Poser sur chaque petit chou une barde de lard et ficeler le tout. Prendre une cocotte suffisamment grande pour contenir tous les choux et dans la graisse d'oie, faire suer les oignons et les carottes émincées avec le lard coupé en petits dés.

Déposer les choux par-dessus, mouiller avec le bouillon que l'on a réservé, ajouter le bouquet garni, les gousses d'ail, et laisser cuire lentement, à demi couvert, pendant 1 heure à 1 heure 30. Surveiller la cuisson.

Variante : il est possible de réduire la quantité de chair à saucisse en la remplaçant par quelques restes de viandes ou de volaille et d'y ajouter un foie de volaille si on en a. Et, selon les saisons, on peut aussi y incorporer les herbes du jardin.

Daube de la Saint-André

- 3 à 4 livres d'aloyau, sans nerfs
- 1 bonne bouteille de vin vieux rouge
- 400 g de lard gras
- 1 gros bouquet de persil
- 6 échalotes
- 5 gousses d'ail
- 1 oignon piqué de girofle
- 1 bouquet garni
- quatre-épices
- sel, poivre

Couper le morceau d'aloyau en tranches sous forme d'escalopes. Préparer un hachis de lard, persil échalotes et ail. Foncer une cocotte avec des couennes de lard.

Placer dessus une couche d'escalope d'aloyau et la recouvrir de hachis puis recommencer jusqu'à l'épuisement des escalopes. Couvrir avec le vin.

Ajouter un oignon piqué de deux clous de girofle, un bouquet garni, du sel, du poivre et une bonne pincée de quatre épices.

Porter lentement à ébullition, couvrir et laisser cuire à feu régulier, très doux, sur le coin du fourneau, pendant 5 à 7 heures ou dans l'âtre, toute la nuit, au-dessus des braises.

Civet de Lièvre

. 1,8 kg de viande de lièvre
. 2 cuil. de farine
. 2 carottes
. 2 oignons
. sel, poivre

Pour la marinade :
. 1l de vin vieux
. 5 cl d'eau-de-vie de prune
. 5 cuil. à soupe de vinaigre
. 3 cuil. à soupe d'huile
. 6 baies de genièvre
. 6 grains de poivre
. 1 oignon
. 1 blanc de poireau
. 2 carottes
. 2 gousses d'ail
. 6 ou 8 queues de persil
. laurier et thym
. 1 pointe de sel

La veille, découper le lièvre en morceaux et dans le plat qui va contenir la viande à mariner, faire un lit avec la moitié des légumes émincés en fines lamelles et tous les aromates. Placer les morceaux dessus et les recouvrir avec le reste de légumes puis arroser avec le vin, le vinaigre et l'huile.

Le jour même, faire dorer les morceaux dans une poêle et une fois bien fricassés, retirer la poêle du feu et faire flamber avec l'eau-de-vie. Saupoudrer de farine, bien mélanger et ajouter le jus de la marinade, les carottes et les oignons émincés que l'on aura fait revenir à part et un peu des légumes de la marinade. Saler, poivrer et laisser mijoter 1 heure 30 à 2 heures.

Le lendemain, vérifier l'assaisonnement et refaire cuire 15 à 30 minutes. Servir avec des pommes de terre cuites à l'eau et persillées.

Variante : on peut cuire de cette même façon du chevreuil ou du sanglier. Grand-mère Joséphine le préparait, pour les vendanges, avec de bons lapins vieux.

Far

- 300 g de farine
- 4 œufs
- 1/2 l de lait
- 2 tranches de jambon de pays
- 1 tranche de lard
- 1 botte de bettes
- 1 verre de persil haché
- 2 gousses d'ail pressées
- 1 ou 2 oignons
- bardes de lard
- sel, poivre

Faire légèrement dorer les oignons et les cuire un petit quart d'heure à l'étouffée. Préparer un hachis avec le lard, le jambon, les feuilles de bettes, le persil, les oignons et l'ail. Délayer la farine avec les œufs et le lait. Ajouter le hachis et assaisonner.

Beurrer alors une terrine assez haute, la foncer de bardes et y verser le mélange. Laisser cuire environ 1 heure à four moyen.

Le far est cuit à point quand il se trouve entouré d'une croûte croustillante et dorée. Servir en entrée ou en plat. Le far peut aussi être accompagné d'un coulis de tomates.

Variante : les feuilles de blettes peuvent être remplacées par des feuilles de laitue, mais le Far alors perd de sa douceur et révèle une certaine amertume.

Les côtes de bettes seront pelées, divisées en tronçons de 3 cm et cuites immédiatement pour éviter qu'elles ne noircissent. Mises au frais, elles adouciront plus tard un bouillon ou permettront la confection d'un gratin.

La mique ou Farcidure

- . 1,5 kg de petit salé
- . 6 poireaux
- . 6 pommes de terre
- . 6 carottes
- . 2 gros navets
- . 2 oignons
- . 1 branche de céleri
- . 1 chou vert
- . 1 feuille de laurier
- . 2 clous de girofle
- . 5 baies de genièvre
- . 5 gousses d'ail
- . Thym
- . poivre

Pour la pâte à mique :

- . 500 g de farine de blé
- . 1 cube de levure de boulanger
- . 100 g de saindou ou graisse d'oie, ou de beurre

Prévoir une grande marmite, un toupinou de 15 à 20 litres au moins.

La veille, faire tremper le petit salé dans une bassine d'eau froide et préparer la pâte à mique. Commencer par délayer la levure dans les 20 cl d'eau ou de lait à peine tiède. Mettre la farine en fontaine dans une jatte. Ajouter le sel et bien mélanger, puis les œufs un par un. Bien mélanger encore. Ajouter le saindoux ou la graisse d'oie ou le beurre fondu et la levure diluée.

Pétrir jusqu'à l'obtention d'une pâte bien lisse. Il faut pouvoir tirer cette pâte comme une pâte à pain. Ajouter un peu de farine si la pâte colle aux mains car il ne le faut pas. La laisser lever toute la nuit dans un endroit chaud, mais pas directement sur une source de chaleur, recouverte d'un linge humide.

Le jour même, préparer la soupe : Laver le chou et le blanchir à l'eau bouillante. Faire blanchir aussi le petit salé en le mettant dans de l'eau froide portée à ébullition.

Mettre le petit salé avec le chou et tous les légumes sauf les pommes de terre dans la grande marmite. Ajouter le sel et le poivre. Couvrir d'eau et faire cuire 2 heures à feu doux. Ajouter les pommes de terre 30 minutes avant la fin de la

. 20 cl de lait ou d'eau tiède (3/4 de verre environ)
. 4 œufs
. 15 g de sel (une bonne pincée)

cuisson. Vérifier la cuisson. Sortir la viande et les pommes de terre du toupinou et un peu de bouillon car la mique ne doit être immergée qu'à moitié. Elle va continuer de gonfler et il y a risque de débordement du bouillon.

Reformer la boule de mique levée en la pétrissant très légèrement, très superficiellement et la déposer très délicatement dans le bouillon frémissant sans la crever. Elle ne doit être immergée qu'à moitié, pour continuer à lever.

Laisser cuire à feu doux pendant 1 heure avec le couvercle. Ne pas trop le soulever, surtout en début de cuisson. Sortir la mique et faire réchauffer le petit salé dans le bouillon le temps de découper la mique en tranches. Disposer la viande, les légumes et les tranches de mique dans un grand plat. Arroser avec un peu de bouillon et servir rapidement. On peut déposer des bols de bouillon sur la table.

Il paraît que la mique est une préparation culinaire des plus anciennes. On dit aussi que les anciens mettaient les miques à lever sous l'édredon. Je ne l'ai jamais vu faire.

Variantes : s'il reste de la mique, les tranches seront servies le lendemain, grillées ou frites dans la poêle avec un peu de graisse, de beurre ou d'huile de noix. Les enfants et les gourmands la mangent alors avec de la confiture, du miel ou saupoudrée de sucre. On peut aussi battre deux œufs entiers et y plonger les tranches de mique avant de les frire.

L'alicòt

. abattis d'une ou deux volailles : pattes, têtes, cous et ailerons de canards gras ou d'oie
. 3 ou 4 carottes
. 2 oignons
. safran
. thym
. laurier
. ail
. persil
. sel, poivre

A la fin de la tuée, quand les confits sont dans les pots, que tout est fini, préparer un ragoût d'abattis. Faire dorer les morceaux ainsi que les oignons mais dans une autre poêle, sans les noircir. Y ajouter les carottes coupées en morceaux, l'ail, le persil, le sel et le poivre et faire revenir. Ajouter de l'eau et faire cuire le tout ensemble 45 minutes à 1 heure. Le safran ne se met que tout à la fin. On peut aussi y mettre des pommes de terre, un peu de céleri et des champignons séchés ou de couche.

Dinde truffée

. 1 dinde de 3 kg
. 1 truffe de 200 g
. 100 g de veau
. 100 g de gorge de porc
. 150 g de lard
. bardes de lard
. sel, poivre

Vider, flamber et retirer le foie. Le réserver pour la farce. Faire quelques incisions dans la peau, seulement la peau. Couper de minces lamelles dans la moitié de la truffe et les glisser sous la peau de la volaille.

Préparer une farce finement hachée avec le lard, le porc, le veau, le foie, reste de la truffe et ses pelures. Saler et poivrer. Remplir l'intérieur de la dinde, coudre l'ouverture, la brider et la barder.

Faire cuire à four moyen pendant 2 heures. Il faut compter 20 minutes par livre. La cuisson qui est longue doit être régulière et pas trop violente. Au besoin, entourer la dinde d'un papier cuisson bien graissé pour ralentir sa coloration.

Lapereau au vin blanc

. 2 jeunes lapins
. 1 cuil. de graisse de canard ou d'oie
. 2 cuil. à café de farine
. 2 verres de vin blanc
. 1 verre d'eau chaude
. 3 oignons
. 3 échalotes
. 1 bouquet de persil
. sel, poivre

Choisir un jeune lapin, le découper en morceaux et le faire légèrement dorer dans un peu de bonne graisse ou d'huile. Hacher finement les oignons et les échalotes. Couper très fin le foie du lapin.
Mélanger le tout et ajouter l'ail et le persil hachés, le sel et le poivre. Verser cette préparation sur le lapin et faire revenir pour bien enrober les morceaux.
Saupoudrer très légèrement avec un peu de farine et ajouter le vin blanc, l'eau et le bouquet garni.
Saler et poivrer. Couvrir et faire cuire à feu doux et bien à couvert pendant 35 à 40 minutes.

Lapin aux pruneaux d'Agen

- . 1 beau lapin
- . 400 à 500 g de pruneaux d'Agen
- . armagnac
- . graisse fine
- . 2 douzaines de petits oignons
- . 2 carottes
- . 1 petite branche de céleri
- . 100 g de jambon fumé
- . 3 cuil. de farine
- . 1/2 bouteille de vin blanc demi-sec
- . 1/2 litre de sauce brune (facultatif)
- . 1 bouquet garni
- . sel, poivre

Pour 1/2 l de sauce brune ou demi-glace :

- . 2 oignons
- . 50 g de saindoux
- . 40 g de farine
- . 1/2 l de bouillon de volaille

La veille ou le matin, faire macérer les pruneaux dans de l'armagnac.

Détailler le lapin en morceaux et les faire dorer dans la graisse.

Dans une sauteuse, faire revenir les petits oignons, les carottes coupées en morceaux, la branche de céleri et le jambon coupé en dés. Ajouter les morceaux de lapin, saupoudrer la farine, mélanger avec une cuillère en bois, mouiller avec le vin blanc et ajouter le bouquet garni. Porter à très lente ébullition et laisser mijoter 30 minutes et plus selon l'âge du lapin. Ajouter les pruneaux, mouiller avec la sauce brune et poursuivre la cuisson 20 à 25 minutes.

Servir accompagné d'une compote de pommes non sucrée, des épinards frais ou des pommes à l'anglaise.

Pour préparer la sauce brune, il faut émincer les oignons, les faire dorer dans le saindoux puis les retirer et les réserver. Préparer un roux en versant la farine dans la graisse où l'on a fait revenir les oignons. Laisser cuire à feu très doux sans cesser de remuer jusqu'à ce que le mélange devienne brun comme une châtaigne. Mouiller alors avec le bouillon tiède (le bouillon ne doit pas être top chaud) et

. 1 cuil. à café de miel
. sel, poivre

délayer avec une cuillère jusqu'à l'obtention d'un mélange bien homogène. Ajouter alors les oignons dorés, le miel, le sel et le poivre. Remuer alors au fouet, sur feu doux jusqu'à ébullition. Laisser cuire alors, à très petit feu pendant 1 heure. Retirer régulièrement la graisse qui remonte à la surface. Rectifier l'assaisonnement puis passer la sauce au chinois.

Lapin au genièvre d'Estaing

. 1 lapin
. 10 baies de genièvre
. 2 à 3 cl d'alcool de genièvre
. 50 g de graisse de canard ou d'oie
. 2 carottes
. 1 oignon
. 1 tomate
. 2 gousses d'ail
. thym, laurier
. sel, poivre

Découper le lapin en morceaux et le faire dorer à la poêle. Faire dorer aussi, sans les brunir l'oignon et les carottes émincés. Déposer les morceaux de lapin dans une marmite et faire flamber avec l'alcool de genièvre ou le gin. Ajouter les baies de genièvre, les carottes, l'oignon, l'ail pressé, le thym et le laurier. Recouvrir d'eau 2 cm au-dessus de la préparation puis ajouter une tomate pelée et émincée, du sel et du poivre. Vérifier l'assaisonnement. Faire cuire 40 minutes à feu doux ou plus si nécessaire. Quand il est cuit, réserver le lapin au chaud, faire réduire un peu la sauce et servir.

Longe de porc farcie

- . 1 filet de porc
- . 1 filet mignon
- . crépine
- . 2 gousses d'ail
- . 1 verre de persil
- . sel, poivre

Pratiquer une grande fente dans le filet de façon à pouvoir y introduire le filet mignon. Hacher l'ail et le persil et les déposer dans la fente, tout au long, ainsi que du sel et du poivre. Placer ensuite le filet mignon dans la fente. Ficeler le tout bien serré puis l'envelopper avec la crépine. Laisser au frais pendant au moins 48 heures, pour que la longe s'imprègne des parfums, puis faire cuire à four doux pendant 1 heure en arrosant souvent. Il faut compter environ 30 minutes de cuisson pour 500 grammes. C'est aussi bon froid que chaud.

Farci

- . 1/2 bol de mie de pain de campagne
- . 1 bol de lait ou de bouillon
- . 2 jaunes d'œuf
- . 200 g de jambon, de lard ou viande de porc

Faire tremper de la mie de pain rassise dans un bol de bouillon ou de lait chaud. Egoutter et laisser refroidir. Hacher un peu de gorge de porc ou de lard ou de jambon avec un foie de volaille si on en a. Hacher aussi les fines herbes et l'échalote. Ajouter l'ail pressé, le sel et le poivre. Lier avec les jaunes d'œufs. Manier le tout pour obtenir un mélange bien homogène.

- 1 gros bouquet de persil et fines herbes
- 1 gousse d'ail
- 1 échalote
- sel, poivre

Envelopper cette farce dans des feuilles de choux ou de bettes et laisser cuire dans la soupe. Le bouillon sera ainsi très parfumé.

Variante : avec cette préparation, on peut aussi farcir volailles, courgettes, tomates, cèpes, pommes de terre et viandes. Pour les volailles, on ajoutera les foies hachés.

Poulet aux cèpes

- 1 beau poulet
- 30 à 50 g de cèpes séchés
- 1 cuil. à soupe de graisse d'oie
- 2 gousses d'ail
- 1 cuil. de farine
- 2 verre d'eau
- 10 cl de verjus ou de vinaigre
- 1 bouquet garni
- persil
- sel, poivre

Découper le poulet en morceaux et le faire revenir dans la graisse d'oie ou de canard. Saupoudrer avec la farine, remuer puis ajouter l'eau chaude, le vinaigre ou le verjus, les champignons et l'ail pressé. Saler et poivrer et laisser mijoter à feu doux et à couvert pendant 40 à 50 minutes et plus, selon la taille et l'âge du poulet. Surveiller la cuisson et au besoin ajouter un peu d'eau. Au moment de servir, parsemer de persil haché et servir avec la sauce de cuisson.

Variante : les cèpes peuvent être remplacés par d'autres champignons et le poulet par une poule.

Confits

. volailles, lapins, gibiers ou porc
. la graisse de ces volailles complétée avec de la graisse d'oie ou de canard si nécessaire.
. sel
. poivre en grains
. thym et laurier
. clous de girofle et baies de genièvre

Plumer, vider, flamber et découper les volailles crues. Mettre de côté les bas morceaux (carcasses, têtes, cous et pattes) qui enrichiront une soupe ou encore pour réaliser un ragoût comme l'alicòt. Les cous pourront être farcis et il est important de conserver la graisse.

Garnir le fond d'un pot en grès avec le mélange de sel, poivre, laurier, thym, girofle et baies de genièvre.

Y placer les découpes et les recouvrir de sel.

Laisser macérer 24 à 48 heures dans un endroit frais puis laver, égoutter et éponger.

Mettre deux verres d'eau au fond de la bassine, afin que les morceaux du fond n'attachent pas.

Ajouter la graisse et faire fondre doucement, jusqu' à frémissement, en tournant avec une cuillère de bois.

Déposer les quartiers et laisser cuire à feu doux 3 à 4 heures.

Lorsque la chair est suffisamment tendre pour être percée avec une plume ou une paille, déposer les morceaux dans un pot en grès et les recouvrir de graisse bouillante sur une épaisseur d'au moins 3 à 4 cm au dessus des morceaux.

Ajouter de la graisse de porc si nécessaire. Recouvrir les pots de grès et les ranger dans un lieu frais et sec.

Les confits se conservent ainsi plusieurs mois.
Réchauffer au bain-marie, ils seront rapidement poêlés.

Pour économiser du temps, il est conseillé de confire plusieurs volailles à la fois.

Pintade flambée à la vieille prune de Souillac

- 1 pintade
- 5 bons cl de vieille prune
- 2 cuil. de beurre ou de graisse d'oie
- sel, poivre

Plumer, vider, flamber et trousser la pintade. La saler et poivrer. L'envelopper d'un papier cuisson bien huilé, et la mettre au four ou à la broche une bonne demi-heure. Alors, ôter le papier et poursuivre la cuisson de la pintade 15 à 20 minutes en l'arrosant d'eau-de-vie de prune, d'un peu d'eau chaude et de beurre ou de graisse d'oie jusqu'à ce qu'elle prenne couleur. Récupérer le jus dans la lèchefrite.

Lièvre à la royale

- . 1 gros lièvre
- . 250 g de foie gras cru
- . 400 g d'échine de porc
- . 250 g de gras de jambon du pays
- . 2 grandes bardes de lard de jambon du pays
- . 200 g d'échalotes
- . 100 g de carottes
- . 150 g de céleri
- . 100 g de graisse d'oie
- . 1 l de très bon vin vieux, rouge
- . 5 cl de cognac
- . 2 pincées de quatre-épices
- . 1 bouquet garni
- . sel, poivre

Désosser entièrement le lièvre, le saler, le poivrer, le parsemer de thym, l'arroser de cognac puis le rouler et le réserver au frais pendant 48 heures. Réserver aussi le foie.
Hacher échine de porc, gras de jambon et foie du lièvre. Bien mêler et ajouter le foie gras coupé en cubes, les quatre-épices, sel, poivre et 2 cl de cognac. Etaler le lièvre, le garnir de la farce et le coudre afin d'obtenir une ballottine. L'envelopper alors des bardes de lard de jambon de pays et bien le ficeler. Enfin, dans une cocotte, verser la graisse d'oie puis déposer le lièvre et l'entourer avec les échalotes, les carottes, l'ail et le céleri. Saler, poivrer, mouiller avec le vin rouge, ajouter le bouquet garni et laisser mijoter 3 heures à couvert et à feu doux. Servir découpé en fines tranches.

Pigeons rôtis

- . 1/2 pigeon par personne
- . 150 g de barde de lard ou de ventrêche
- . sel, poivre

Choisir de jeunes pigeons et les préparer. Saler et poivrer l'intérieur et l'extérieur puis les barder et faire rôtir 25 à 30 minutes. Les arroser régulièrement. Servir les pigeons coupés en deux.

Poulet au verjus

1 beau poulet
1 oignon
1 cuil. de graisse fine
4 gousses d'ail
1/2 l de verjus
25 cl de crème fraîche
persil haché
sel, poivre

Pour le verjus :
grains de raisin vert
1 ou 2 morceaux de sucre

Pour préparer le verjus, il faut choisir des grains de raisin pas encore mûrs. Les presser et les filtrer. Il faut au moins un demi-litre de jus de raisin, et si le jus est trop acide, ajouter un ou deux morceaux de sucre.

Faire sauter le poulet découpé en morceaux, avec un oignon. Saler et poivrer. Ajouter l'ail en chemise. Laisser cuire 45 minutes à feu doux et à couvert. Réserver les morceaux de poulet sur un plat chaud. Déglacer au verjus, verser la crème, vérifier l'assaisonnement et remettre les morceaux dans marmite. Pour la garniture ajouter quelques grains de raisins verts et une bonne poignée de persil haché. Servir avec des pommes de terre sautées.

Souris d'agneau du Quercy

1 souris par personne
1 tête d'ail rose
graisse de canard
sel, poivre

Farcir les souris avec les gousses d'ail et les enduire de graisse de canard. Saler et poivrer.

Mettre à four chaud pendant 20 minutes.

Laisser reposer après cuisson dans le four entrouvert.

Oie rôtie aux châtaignes

. 1 oie de 4 kg
. 800 g de chair à saucisse
. 2,500 kg de châtaignes
. 100 g d'échalotes
. 1 tête d'ail
. 2 cl de cognac
. 1 verre de vin blanc
. 2 verres d'eau
. du thym,
. 1 feuille de laurier
. graisse d'oie
. sel, poivre

Vider et flamber l'oie. Fendre l'écorce des châtaignes et les plonger 5 à 10 minutes dans l'eau bouillante, ce qui permet de retirer les deux peaux.
Eplucher les échalotes, les hacher et les faire suer dans un peu de graisse d'oie. Emietter la moitié des châtaignes et les mélanger à la chair à saucisse avec le foie de l'oie haché, le thym (prendre les fleurs de préférence si c'est la saison), le laurier, le cognac, le sel et le poivre.
Remplir l'oie avec cette farce, la coudre, la déposer dans un plat et bien la graisser. Saler et poivrer. L'entourer avec l'ail en chemise, le verre d'eau et le verre de vin.
Laisser cuire 2 heures et plus à four moyen en arrosant souvent avec son jus. La cuisson doit être régulière et pas trop violente. Au besoin, couvrir l'oie d'un papier cuisson légèrement graissé pour ralentir la coloration.
En fin de cuisson déposer l'autre moitié des châtaignes autour de l'oie. Servir avec du cresson.

Variante : la dinde peut être cuite ainsi.

Stockfish ou Estofi

- 1 kg de morue salée
- 1,5 kg de pommes de terre
- 75 cl de crème fraîche
- 3 oeufs
- 4 cuil. d'huile de noix ou autre
- 4 gousses d'ail
- persil haché
- sel, poivre

Faire dessaler la morue pendant au moins 12 heures, en la plaçant dans une passoire au milieu d'une bassine remplie d'eau fraîche. Remplacer l'eau plusieurs fois et la faire cuire.

Pour la cuisson de la morue, il faut la mettre dans l'eau froide et retirer la marmite du feu dès la première ébullition. Laisser reposer pendant 20 minutes puis égoutter là. La morue retrouve ainsi toute sa souplesse.

Faire cuire des pommes de terre dans leur peau et les réduire en purée. Mélanger les pommes de terre et la morue. Ajouter le sel, le poivre, le persil haché et l'ail pressé, puis les jaunes d'œufs, la crème fraîche et l'huile de noix. Manier bien le tout, verser dans un plat creux allant au four et verser dessus une autre cuillérée d'huile de noix. Faire réchauffer au four.

Joséphine ajoute les blancs battus en neige et ainsi le gâteau se gonfle et prend une belle couleur dorée.

Alose au vin

. 1 alose de 3 livres
. 1 litre de vin rouge
. 1 verre d'eau
. 100 gr de lard de poitrine salée
. 1 kg de poireaux
. 2 oignons
. 1 gousse d'ail
. 1 bouquet garni
. 3 pincées de quatre-épices
. sel, poivre

Faire revenir les oignons sans les laisser brunir. Ajouter l'ail pressé, le lard coupé en dés, le vin, l'eau, les poireaux, le bouquet garni, les quatre-épices, le sel, le poivre. Porter à lente ébullition pendant 15 à 20 minutes. Déposer l'alose découpée en tronçons. Faire cuire à feu très doux pendant 2 à 3 heures dans une marmite bien fermée. A la fin de la cuisson, ajouter une petit verre d'armagnac préalablement flambé.

Plus on réchauffe ce plat, meilleur il est, car les arêtes de l'alose fondent.

Pieds de porc au vin

. 1 pied de porc par personne
. 2 ou 3 bouteilles de vin vieux de Cahors
. 250 g de poitrine fumée
. graisse d'oie
. 6 carottes
. 3 oignons

Fendre les pieds de porc en deux dans le sens de la longueur et les faire colorer dans la graisse d'oie. Les réserver et ajouter dans la marmite, les carottes coupées en rondelles ainsi qu'un oignon émincé. Les faire revenir et dorer. Remettre les pieds de porc dans la marmite, mélanger et saupoudrer de farine. Mouiller avec le vin qui doit recouvrir entièrement les pieds. Ajouter le bouquet

. 3 gousses d'ail
. 2 clous de girofle
. 6 grains de genièvre
. 1 vingtaine de cerneaux de noix
. 2 cuil. de fécule ou de farine
. 1 bouquet garni
. sel, poivre

garni, l'oignon piqué des clous de girofle, les grains de genièvre et les noix. Saler, poivrer et laisser mijoter à feu doux pendant deux heures ou plus. Servir avec de larges tranches de pain grillé frottées à l'ail.

Variante : sur cette même base, on peut préparer les gésiers d'oie ou de canard.

Anguilles au vert

. 1 kg d'anguilles
. 4 oignons
. 2 cuil. de graisse fine
. 1 noix de beurre
. 1 kg d'épinards
. 1 verre de persil haché
. 1 verre de cerfeuil haché
. sel, poivre

Bien nettoyer les anguilles et surtout retirer la partie sanguine adhérente à l'arête. Les couper en tronçons. Hacher les oignons et les laisser cuire et compoter sans les laisser brunir dans la graisse fine, avec un couvercle, à petit feu et si besoin une cuillère à soupe d'eau. Laver les épinards et laisser étuver lentement avec une noix de beurre. Ajouter le persil et le cerfeuil dans les épinards, dès qu'ils sont cuits, puis les tronçons d'anguilles et bien les enrober. Couvrir la marmite. Assaisonner de sel et de poivre et laisser cuire à feu doux 1/4 d'heure, 20 minutes selon la grosseur des anguilles. Ce plat se mange chaud ou froid de préférence.

Poule farcie, sauce à l'œuf

. 1 poule
. tous les légumes de pot-au-feu
. bouquet garni
. sel, poivre

Pour le farci :
. 1 bol de mie de pain de campagne
. lait ou bouillon
. 2 jaunes d'œufs
. jambon ou lard ou viande de porc
. persil et fines herbes
. 1 gousse d'ail
. 1 échalote
. sel, poivre

Vider, flamber, trousser la volaille, la garnir du farci et la coudre. La plonger dans une marmite d'eau chaude, (il faut qu'elle soit bien recouverte), ajouter tous les légumes, sauf des pommes de terresaler et poivrer. Laisser cuire à feu doux de 2 à 3 heures, selon l'âge de la poule. On vérifie la cuisson en la piquant avec une plume ou un couteau et surtout, lorsqu'on peut lui tordre le bout de l'aile c'est qu'elle est cuite.

Préparer le farci en faisant tremper de la mie de pain rassis dans un bol de bouillon ou de lait chaud qu'il faut égoutter et laisser refroidir. Hacher un peu de gorge de porc ou de lard ou de jambon avec le foie de volaille. Hacher aussi les fines herbes et l'échalote. Ajouter l'ail pressé, le sel et le poivre. Lier avec les jaunes d'œufs. Manier le tout pour obtenir un mélange bien homogène.

Pour réaliser la sauce à l'œuf, faire cuire les œufs à la coque sous la cendre ou 3 minutes à l'eau bouillante. Verser les jaunes dans un bol tiède et les mélanger doucement avec le sel, le poivre, l'huile et le vinaigre puis ajouter l'échalote, les fines herbes et le persil, tout

Pour la sauce à l'œuf :
. 2 œufs
. 6 cuil. d'huile
. 3 cuil. de vinaigre
. 1 échalote
. persil
. fines herbes
. sel, poivre

ça haché très fin. Récupérer le blanc dans la coquille et poursuivre sa cuisson du blanc d'œuf dans un bol de bouillon bouillant puis le hacher et l'ajouter à la sauce. Maintenir au chaud.
Servir la poule entourée de tous les légumes avec la sauce à l'œuf dans une saucière.

Variante : on peut faire cuire du vermicelle dans le bouillon ou le servir sur des trempes de pain et servir la poule farcie tout simplement avec des cornichons.

Côtes d'agneau grillées au parfum de noix

. 2 à 3 côtes par personne
. 1 cuil. à café d'origan ou de thym
. 3 cuil. à soupe d'huile de noix
. 1 gousse d'ail
. sel, poivre

3 à 4 heures avant la cuisson, assaisonner les côtes et les faire mariner avec l'huile de noix et l'origan.
Au moment, les faire griller au-dessus des braises bien chaudes pendant 3 à 5 minutes suivant le degré de cuisson voulu. A défaut, on peut les poêler.

Tourte au poulet et aux salsifis

Pastis de carnaval et de fin de semailles

. 1 poulet
. 500 g de scorsonères ou à défaut, de salsifis
. 1 verre de vinaigre
. 2 oignons
. 1 livre de tomates
. 2 cuil. de farine
. 1 verre d'eau
. 1 verre de vin blanc
. sel, poivre

Pour la pâte :
. 500 g de farine de froment
. une pincée de sel
. 2 œufs entiers
. 250 g de graisse de porc
. 1 verre d'eau

Confectionner une pâte un peu ferme avec la farine, la graisse de porc, une pincée de sel et deux œufs entiers. Mélanger bien le tout en travaillant la pâte le moins possible. Fraiser la pâte une ou deux fois c'est-à-dire l'écraser petit à petit avec la paume de la main pour la rendre lisse. Former une grosse boule et laisser reposer 2 heures dans un torchon fariné.

Préparer les salsifis ou scorsonères, et au fur et à mesure de l'épluchage, les plonger dans une bassine d'eau vinaigrée pour les empêcher de noircir. Les couper et les cuire dans de l'eau bouillante légèrement salée pendant 45 à 50 minutes.

Découper le poulet, faire dorer les morceaux dans de la graisse d'oie et saupoudrer d'une cuillerée de farine. Ajouter les oignons émincés et les tomates pelées et épépinées. Rajouter une cuillerée de farine et laisser légèrement roussir. Mouiller avec le verre d'eau et le vin blanc. Saler, poivrer et laisser cuire à petit feu 30 à 45 minutes selon l'âge du poulet. Cuire la carcasse, les pattes et la tête dans un peu d'eau, avec un oignon et quelques légumes. Ce bouillon servira à allonger la sauce si cela est nécessaire et sera la base de la prochaine soupe.

Graisser la tourtière. Préparer 2 abaisses de pâte. Placer l'abaisse la plus grande au fond de la tourtière. Y déposer les morceaux de poulet, les salsifis et la sauce de cuisson du poulet. Disposer l'autre abaisse par-dessus, les souder ensemble en rabattant tout autour les rebords de la première. Dorer avec un jaune d'œuf. Faire une cheminée et cuire 30 à 40 minutes dans la cheminée, le couvercle de la tourtière garni de braises ou dans un four chaud. Vérifier la cuisson avec une plume ou une aiguille à tricoter. Si l'aiguille transperce facilement la croûte du dessus et ressort sèche, la tourte est cuite.

Ce plat est très ancien, à la maison, on le mange toujours pendant le Carnaval avant le grand Carême et aussi parfois avant le petit Carême de l'Avent, à la fin des semailles.

Variantes : on peut ajouter quelques morceaux de confit. On peut aussi faire des tourtes aux pigeons, aux cailles, aux perdreaux, au lièvre ou tout autre volaille. Mais à l'origine le pastis se préparait avec des boulettes de viande de porc. On peut aussi utiliser de la pâte feuilletée.

Lamproies de Meyraguet

. de belles lamproies
. 1 dz de blanc de poireaux
. 2 citrons
. 200 g de lard frais
. 50 g de beurre

Pour la marinade :
. 1 bon vin rouge
. 3 carottes
. 2 gros oignons
. 1 bouquet garni
. 1 petite branche de céleri
. 3 gousses d'ail
. sel, poivre

Pour 1/2 l de roux brun :
. 2 oignons
. 50 g de saindoux ou de graisse fine
. 40 g de farine
. 1/2 l de bouillon de volaille
. 1 bouquet garni
. sel, poivre

Saigner les lamproies après les avoir étourdies et récupérer le sang dans un pot. Les nettoyer. Préparer la marinade avec tous les ingrédients nécessaires, y déposer les lamproies et laisser mariner dans un endroit frais pendant quelques heures. Faire revenir les blancs de poireaux dans un peu de beurre ou de graisse fine et les laisser compoter. Pendant ce temps, préparer un roux brun, mouiller avec la marinade et ajouter les blancs de poireaux. Assaisonner et laisser mijoter à petit feu pendant 30 minutes. Faire revenir le lard coupé en dés et l'ajouter à la sauce sans la graisse. Ajouter alors les lamproies et laisser mijoter pendant 4 à 5 minutes. Réserver alors les lamproies sur un plat chaud et lier la sauce avec le sang puis avec le beurre et le jus de 2 citrons. Napper les lamproies de leur sauce et servir avec des croûtons grillés, frottés rapidement à l'ail.

Pour préparer le roux brun, émincer les oignons et les faire dorer dans le saindoux puis les retirer et les réserver. Verser la farine dans la graisse où l'on a fait revenir les oignons. Laisser cuire à feu très doux sans cesser de remuer jusqu'à ce que le mélange devienne brun comme une châtaigne.

Recette de la sœur de Lespinasse, pêcheur à Meyraguet.

Mouiller alors avec le bouillon dégraissé tiède (le bouillon ne doit pas être top chaud) et le vin de la marinade délayer avec une cuillère en bois jusqu'à l'obtention d'un mélange bien homogène. Ajouter alors les oignons dorés, un bouquet garni, le sel et le poivre. Remuer alors au fouet, sur feu doux jusqu'à ébullition. Laisser cuire à très petit feu pendant 20 à 30 minutes. Retirer régulièrement la graisse qui remonte à la surface. Rectifier l'assaisonnement puis passer la sauce à travers une passoire fine.

Hachis Parmentier

1kg500 de purée de pommes de terre
5 à 600 g de bouilli de bœuf
100 g de chair à saucisse (facultatif)
200 g de cantal
beurre
sel, poivre

Dans un plat allant au four, répartir une couche de purée, une couche de bouilli haché et une bonne couche de cantal émincé ou râpé. Recouvrir avec une nouvelle couche de purée. Parsemer de petits morceaux de beurre ou d'huile et mettre à four moyen puis chaud 30 minutes.

Variante : avec du bœuf haché cru, il faut rajouter un peu de gorge de porc ou de chair à saucisse, car sinon c'est trop sec et bien assaisonner avec du sel, du poivre, une ou deux échalotes hachées et des herbes.

Anguilles de Saint-Sozy en matelote

Recette d'Huguette qui régale son pêcheur de mari et ses amis.

- 1 bouteille de bon vin rouge (cahors)
- 2 ou 3 anguilles vivantes de 350 à 400 g
- 1 douzaine de petits oignons blancs
- 300 g de lard gras
- 2 oignons
- 2 ou échalotes
- 2 gousses d'ail
- 1 bouquet garni (thym, laurier, persil et fenouil)
- 1 pincée de quatre épices
- 1 cuil. de farine
- champignons
- sel, poivre

Choisir deux ou trois anguilles de 350 à 400 g, les dépouiller et les mettre à dégorger dans de l'eau fraîche.
Au moment de les faire cuire, égoutter les anguilles, les découper en tronçons et les essuyer soigneusement.
Pour préparer la matelote, faire fricasser dans une marmite une douzaine de petits oignons blancs dans un peu d'huile ou de graisse jusqu'à ce qu'ils prennent une belle couleur dorée. Couvrir et laisser cuire à feu doux un quart d'heure. Dans une autre poêle, faire revenir le lard coupé en dés (pendant le carême, on supprime le lard), deux oignons coupés en fines lamelles, deux ou trois échalotes, deux gousses d'ail pressées.
Verser dans la marmite. Ajouter une bonne pincée de quatre épices, le sel, le poivre et le bouquet garni puis, verser le vin et laisser chauffer à feu doux et à couvert. La qualité du vin est importante, sinon le plat devient ordinaire, sans senteurs.

Ensuite, lier deux cuillèrées de farine dans un peu d'eau tiède. Verser dans la marmite en tournant la sauce. Remettre le couvercle et laisser mijoter doucement la matelote à feu doux pendant 30 minutes. Ajouter alors les tronçons d'anguilles et laisser cuire 20 à 30 minutes. Pendant ce temps, préparer les champignons (des cèpes frais de préférence), les couper en lamelles et les faire sauter vivement dans un peu de graisse ou d'huile. Dresser les tronçons d'anguilles et les cèpes dans un plat chauffé. Servir avec des tranches de pain grillées et frottées rapidement avec de l'ail.

Pigeons au verjus

. 1/2 pigeon jeune par personne
. 1 cuil. de graisse de canard ou d'oie
. 1/2 l de verjus
. 1 tête d'ail
. sel, poivre

Pour le verjus :
. grains de raisin vert
. 1 ou 2 morceaux de sucre

Pour préparer le verjus, il faut choisir des grains de raisin pas encore mûrs. Les presser et les filtrer. Il faut au moins 1/2 litre de jus de raisin, et si le jus est trop acide, ajouter un ou deux morceaux de sucre.

Faire dorer les jeunes pigeons dans la graisse et les déposer dans une marmite avec un peu d'eau puis ajouter le verjus et l'ail coupé en lamelles. Saler et poivrer. Laisser mijoter à feu doux 40 à 50 minutes. Ajouter de l'eau chaude si la sauce réduit trop. Pour de vieux pigeons, faire cuire pendant 2 heures en surveillant la consistance de la sauce. Ne pas hésiter à ajouter de l'eau chaude.

Brochet farci

. 1 beau brochet de 2 à 3 kg
. 300 g de cèpes ou girolles
. 3/4 l de vin blanc
. 50 cl de crème fraîche
. 60 g de beurre
. 2 cirons
. sel, poivre

Pour la farce :
. 2 œufs
. 200 g de pain rassis
. 1 bol de lait ou de bouillon
. 100 g de cèpes ou girolles
. 100 g de lard
. 1 échalote
. oseille
. persil
. estragon
. sel, poivre

Ecailler, vider, nettoyer et enlever l'épine dorsale d'un beau brochet. Pour écailler facilement le brochet, il faut le tremper dans l'eau bouillante puis une fois qu'il est écaillé le mettre à raffermir dans de l'eau froide.

Pour préparer la farce : faire tremper la mie de pain dans un bol de lait ou de bouillon chaud et hacher finement le lard, les herbes, l'échalote et les champignons prévus pour la farce. Bien égoutter la mie de pain. Mélanger le tout avec les œufs entiers. Saler, poivrer et malaxer bien pour obtenir un mélange homogène. On ajoute la laitance. Garnir le brochet avec la farce et lui coudre le ventre. Saler et poivrer. Faire cuire le brochet à four chaud pendant 30 minutes environ avec un peu de beurre fondu et le vin blanc. L'arroser régulièrement.

Faire revenir les champignons avec un peu de graisse d'oie, les saler légèrement, les poivrer et les faire cuire. Une fois qu'il est cuit, réserver le brochet sur un plat chaud. Déglacer le plat au vin blanc, laisser réduire un peu, monter la sauce à la crème et au beurre, ajouter le jus des citrons puis les champignons. Servir très chaud le brochet accompagné de sa sauce.

Tomates farcies

- . 12 belles tomates
- . 1 bol de reste de viande
- . 1 bol de chair à saucisse
- . 200 g de lard gras
- . quelques champignons
- . 2 oeufs
- . 1 bol de mie de pain rassise
- . 1 bol de bouillon ou de lait
- . 2 à 3 gousses d'ail
- . 1 branche d'estragon
- . 1 bouquet de persil
- . sel, poivre

Découper une petite calotte du côté queue des tomates et les mettre de côté. Enlever délicatement les pépins avec une petite cuillère et déposer un peu de sel au fond. Retourner les tomates sur un plat. Cela permet d'éliminer le jus acide.

Pour préparer la farce, hacher le reste de viande ainsi que le lard gras. Toutes les viandes conviennent pour la farce, ce qui permet d'utiliser les restes.

Mélanger le hachis avec la chair à saucisse et la mie de pain trempée dans du bouillon ou du lait chaud, puis égouttée. Ajouter le hachis de fines herbes, les gousses d'ail pressées, du sel et du poivre et quelques cèpes ou champignons de couche hachés si on en a.

Lier avec deux œufs entiers. Bien mélanger le tout, en garnir les tomates et déposer une calotte sur chacune.

Les ranger dans une tourtière ou un plat creux huilé et faire cuire à feu vif pendant 20 minutes puis prolonger la cuisson le même temps à feu modéré.

Pain de poisson

Pour 4 personnes :
. 500 g de poisson frais cuit ou 1 boîte de thon ou de saumon au naturel
. 3 œufs
. 1 verre de lait ou de bouillon
. 100 g de mie de pain
. persil, cerfeuil ou estragon
. 1 pincée de quatre épices
. sel, poivre

Pour la sauce tomate (pour 6 personnes) :
. 8 à 10 tomates mûres à point
. 1 cuil. de graisse fine
. 1 cuil. à soupe de farine
. 1 oignon
. 1 dizaine de petits oignons blancs
. 2 gousses d'ail
. 1 bouquet garni
. sel, poivre

Effriter le poisson à la fourchette en ayant soin de retirer la peau et les arêtes. Faire tremper une grosse tranche de mie de pain dans du bouillon ou du lait tiédi. Préparer un hachis de persil et de cerfeuil ou d'estragon. Égoutter la mie de pain.

Ajouter les jaunes d'œuf et malaxer le tout avec du sel et du poivre et une pincée de quatre épices. Battre les blancs d'œufs et les incorporer au mélange.

Verser dans un plat huilé et fariné, couvrir et faire cuire au bain-marie pendant 45 minutes à une heure selon le four, à température moyenne.

Démouler et servir chaud, nappé d'une sauce tomate ou d'une sauce aux graines de capucines.

Pour préparer la sauce aux graines de capucines ou aux câpres, commencer comme pour une sauce blanche puis, hors du feu, ajoutez 50 g de beurre, une cuillère de vinaigre et une bonne cuillère de câpres ou de graines de capucines confites dans le vinaigre ou encore des rondelles de cornichons et des fines herbes hachées.

Pour préparer la sauce tomate, laver, essuyer et découper les tomates en quartiers. Enlever les graines, saupoudrer de sel et laisser ainsi une bonne heure.

Cela permet d'éliminer le jus acide contenu dans les tomates. Jeter les tomates égouttées ainsi qu'un oignon émincé et quelques petits oignons dans une cuillerée de graisse fine chaude. Faire rissoler à feu vif dans une poêle découverte, saler et poivrer puis couvrir et laisser mijoter pendant 20 minutes à feu modéré. Surveiller que le mélange ne brûle pas.

Pendant ce temps, délayer la farine dans un peu d'eau tiède ou de bouillon et un peu de graisse. Quand la sauce est bien liée, ajouter la pulpe de tomates et d'oignons écrasée avec un pilon dans une passoire à pied.

Tourner avec une cuillère en bois. Vérifier l'assaisonnement. Ajouter l'ail pressé et un petit bouquet de thym, laurier et persil. Laisser cuire encore à feu très doux pendant 30 minutes. Ajouter un peu d'eau ou de bouillon si la sauce tomate réduit trop.

Retirer le bouquet garni avant de servir et décorer avec du persil haché fin ou des pluches de cerfeuil.

Cette recette permet d'utiliser les restes d'un poisson.

Boudin blanc truffé de Gramat

. 600 g de joue de porc
. boyau de porc
. 6 œufs entiers
. 250 g de truffes.
. 250 g de mie de pain
. 2 pincée de quatre-épices

Pour le court-bouillon :
. 2 litres d'eau salée
. 3 carottes
. 2 oignons
. 3 gousses d'ail
. 4 clous de girofle
. 1 bouquet garni
. persil

Acheter de la joue de porc non saignante et la découenner.
Préparer un court-bouillon avec de l'eau salée et tous les ingrédients nécessaires. Faire cuire deux heures.
Retirer de la cuisson et conserver le bouillon.
Couper la joue en petits dés.
Pendant ce temps tremper la mie de pain rassise dans le bouillon, la laisser refroidir et bien l'égoutter.
Battre les œufs entiers. Mélanger la mie de pain, les œufs battus, les dés de joue et les truffes coupées elles aussi en petits dés. Saler, poivrer et ajouter une pointe de quatre épices et 1/4 de litre de bouillon.
Enfiler dans les boyaux et cuire les boudins dans le bouillon restant pendant 25 à 30 minutes sans ébullition.
Les retirer délicatement, les égoutter et les déposer sur un linge.
Les faire griller dans la cheminée pendant 8 minutes environ ou à la poêle avec un peu de graisse fine.

Ase de porc farci de Cassagnes

. 1 estomac de porc
. 1/4 l de vinaigre

Pour le bouillon :
. 2 oignons
. 3 clous de girofle
. 3 carottes
. 1 bouquet garni
. sel, poivre

Pour la farce :
. 1 dz de pruneaux
. 2 bols de mie de pain de campagne
. 2 bols de lait ou de bouillon
. 2 jaunes d'œufs
. 1 œuf entier
. 400 g de viande (jambon ou lard et gorge de porc ou chair à saucisse)
. 1 gros bouquet de persil et de fines herbes
. 500 g de feuilles d'épinard environ
. 500 g de feuilles de blettes environ
. 2 gousses d'ail
. 2 échalotes
. sel, poivre

Bien nettoyer l'estomac de porc puis le laisser tremper une bonne heure dans le vinaigre et le rincer à nouveau. Préparer un bouillon bien aromatisé, porter à ébullition et laisser frémir sur le coin du fourneau. Pendant ce temps, préparer la farce : faire tremper la mie de pain rassise dans un bol de bouillon ou de lait chaud puis, égoutter la mie de pain et la laisser refroidir. Hacher les viandes (on peut aussi ajouter des restes de volaille ou de confit). Hacher aussi les fines herbes, l'échalote, les feuilles d'épinard et les feuilles de blettes. Ajouter l'ail pressé, le sel, le poivre et les pruneaux. Lier avec les œufs. Manier le tout pour obtenir un mélange bien homogène. Farcir l'estomac et le coudre finement puis le plonger dans le bouillon et laisser cuire 2 heures environ. Une fois cuit, le déposer dans un plat et le passer au four, environ une demi-heure, jusqu'à ce qu'il soit légèrement caramélisé ou dans un fait-tout en fonte.

Le lendemain, il se mange froid ou chaud et des tranches peuvent être poêlées.

Sandre

. 1 sandre d'1,5 kg environ
. 3 verre de vin blanc sec
. 2 oignons
. 40 g de crème fraîche épaisse
. 1 citron et demi
. persil, ail, ciboulette
. sel, poivre

Vider et nettoyer le sandre et, dans un plat à feu, le déposer, le saler et le poivrer généreusement à l'intérieur. Verser le vin blanc dans le plat et les oignons émincés. Laisser cuire à four moyen en arrosant de temps à autre pendant 45 minutes environ. Lorsque le sandre est presque cuit, faire chauffer doucement la crème (elle ne doit pas bouillir) et y ajouter l'ail pressé, le persil et la ciboulette ciselés finement. Verser le jus de citron et tenir la sauce au chaud. Une fois le sandre cuit, lever les filets et les arroser avec la sauce.

Brochet farci au foie d'oie

. 1 brochet d'1,5 kg
. 200 g de foie d'oie
. 250 g de crème fraîche
. 50 g d'échalotes
. 1/2 l de vin blanc

Tremper le brochet dans de l'eau bouillante pour l'écailler facilement puis le mettre à raffermir dans de l'eau froide. Une fois égoutté, vidé et essuyé le farcir avec le foie gras, le saler, le poivrer, le coudre et le déposer dans un plat beurré allant au four. Y ajouter les échalotes et le vin blanc. Le recouvrir alors d'un papier cuisson et le laisser cuire 30 à 40

. persil
. sel, poivre

minutes à four chaud sans oublier de l'arroser en cours de cuisson. Sortir le brochet, le réserver au chaud et procéder rapidement : faire réduire un peu le jus de cuisson, ajouter la crème fraîche, remuer et napper le brochet avec la sauce. Servir aussitôt.

Pot-au-feu de pigeon

Pour
2 personnes :
. 1 pigeon de 500 g
. 4 carottes
. 2 poireaux
. 2 navets
. 10 pommes de terre
. 2 gousses d'ail
. 1 oignon piqué de 2 clous de girofle
. 2 l de bouillon de volaille
. gros sel et poivre en grains

Choisir des pigeons jeunes et tendres, les flamber, les vider et les brider. Porter à ébullition le bouillon de volaille avec les gousses d'ail et l'oignon piqué des clous de girofle. Vérifier l'assaisonnement en versant un peu de bouillon dans une tasse et goûter. Saler et poivrer si nécessaire.

Déposer les pigeons dans le bouillon ainsi que tous les légumes et laisser cuire à faible ébullition pendant 25 à 30 minutes et plus selon la qualité et l'âge des pigeons. Faire cuire les pommes de terre à part.

Servir le tout, bien disposé, sur un plat chaud, avec les pommes de terre, tout simplement avec du gros sel tiédi, des graines de capucines au vinaigre ou alors une bonne vinaigrette à l'huile de noix et aux herbes.

Alose farcie grillée

. 1 alose de grosseur (moyenne)
. beurre fondu
. 1/2 verre de farine
. 2 cuil. d'huile
. sel, poivre

Pour la farce :
. mie de pain rassis
. 2 œufs entiers
. 1 verre de persil haché
. 1 échalote
. 1 gousse d'ail
. sel, poivre

Bien écailler et vider l'alose et préparer la farce. Faire tremper de la mie de pain de campagne rassise dans un bol de bouillon ou de lait chaud. Egoutter et laisser refroidir. Hacher le persil et l'échalote. Ajouter l'ail pressé, le sel et le poivre. Lier avec les jaunes d'œufs. Manier le tout pour obtenir un mélange bien homogène. Farcir l'alose, l'assaisonner à son goût, la fariner et la rouler dans l'huile. Faire griller sur des braises, 45 minutes environ, en l'arrosant avec du beurre fondu et la retournant souvent.

Servir chaud avec des pommes de terre à l'anglaise et une purée d'oseille ou froid, avec de la mayonnaise.

Lapin aux noix

. 1 beau lapin avec son foie
. 200 g de cerneaux de noix
. 8 gousses d'ail
. 1 poignée de persil

Découper le lapin, le faire revenir dans la graisse d'oie et le réserver. Dans la même marmite, faire revenir, sans laisser brunir, 4 gousses d'ail pressées avec les cerneaux de noix concassés grossièrement et le foie de lapin haché puis, ajouter le coulis de tomates et le reste des gousses d'ail

. 1/4 l de coulis de tomates
. 1/2 l de vin blanc
. 3 cuil. de chapelure
. 2 cuil. de graisse d'oie
. sel, poivre

dans leur chemise. Saupoudrer avec la chapelure et déposer les morceaux de lapin. Saler et poivrer. Mouiller avec le vin et laisser mijoter 45 minutes à 1 heure.
Surveiller la cuisson.
Servir sur un plat chaud et saupoudrer de persil ou de ciboulette.

Filets de poisson en papillote

. 1 beau filet par personne
. des feuilles de blettes ou de choux vert
. 1 carotte
. 1 vert de poireau

Blanchir rapidement les feuilles de bettes ou de choux, les refroidir et les déposer sur un linge.
Cuire 5 minutes à l'eau bouillante salée, les carottes et les poireaux finement émincés et les égoutter. Saler et poivrer les filets de poisson et les déposer sur les feuilles.
Ajouter les légumes émincés. Envelopper les filets avec les feuilles et faire cuire 15 bonnes minutes à four moyen.
Accompagner d'une vinaigrette à la sauge et huile de noix ou d'un beurre de morilles.

Cailles farcies

. 1 ou 2 cailles par personne
. 100 g de barde de lard pour 4 cailles
. sel, poivre

Pour la farce :
. 300 g de foie gras frais
. 1/2 bol de mie de pain de campagne
. 1 bol de lait ou de bouillon
. 2 jaunes d'œuf
. 1 œuf entier
. 200 g de jambon ou de lard ou viande de porc
. 1 gros bouquet de persil et fines herbes
. 1 gousse d'ail
. 1 échalote
. sel, poivre

Au début de l'automne, choisir de jeunes cailles de deux à trois mois, les flamber et réserver les foies et les gésiers. Pour préparer la farce, faire tremper de la mie de pain rassise dans un bol de bouillon ou de lait chaud. L'égoutter et la laisser refroidir.

Hacher un peu de gorge de porc ou de lard ou de jambon avec le foie des cailles et les gésiers. On peut aussi y mettre un peu de chair à saucisse de qualité. Hacher aussi les fines herbes et l'échalote. Ajouter l'ail pressé, le sel et le poivre. Lier avec les œufs. Manier le tout.

Incorporer alors le foie gras coupé en gros cubes et farcir les cailles. Les recouvrir ensuite d'une barde de lard, bien les ficeler et faire rôtir à la broche ou à four chaud pendant 30 minutes environ. Arroser souvent.

Variante : on peut ne pas mettre de foie gras ou en mettre plus ou moins, il faut alors augmenter la quantité des autres viandes.

Lapin en sauce brune de Naucelle

- 1 lapin
- 1 ou 2 oignons
- 2 cuil. de graisse d'oie ou de canard
- 2 cuil. de farine
- 2 verres d'eau
- 1 bouquet garni
- sel, poivre

Dans un bol, mettre une cuillérée de vinaigre de vin et une pincée de sel. Faire fondre le sel dans le vinaigre et recueillir le sang du lapin au-dessus du bol.
Battre le sang dans le bol, avec le sel et le vinaigre pour l'empêcher de cailler. Réserver de côté, au frais.
Découper le lapin en morceaux, conserver le foie à part et dorer les morceaux à la poêle avec la graisse de canard.
Dans une autre poêle, faire revenir les oignons émincés sans les laisser brunir. Retirer les oignons de la poêle et faire revenir rapidement le foie haché fin dans la même poêle. Sur le feu, déposer les morceaux de lapin dans la marmite, les saupoudrer de farine, mélanger, ajouter les oignons, le foie haché, le bol de sang, le bouquet garni et l'eau. Saler et poivrer. Laisser mijoter 40 à 50 minutes à couvert. Sureviller la cuisson et ajouter de l' eau si nécessaire.

Carpe farcie au foie gras

- 1 carpe de 2 à 3 kg
- 1 verre de madère
- 1/2 l de vin blanc
- 1/2 verre d'eau
- 60 g de graisse fine
- 1 bouquet garni
- 1 oignon
- 1 carotte
- sel, poivre

Pour la farce :
- 400 g de porc confit ou frais
- 100 g de truffes
- 3 à 400 g de foie gras
- 1 tranche de mie de pain rassise
- 1 œuf entier
- 2 échalotes
- 20 cl de cognac
- sel, poivre

Faire chauffer de l'eau dans une marmite assez grande pour contenir la carpe. Pas plus de 50 à 60 degrés : le doigt plongé dans l'eau doit pouvoir supporter la chaleur. Retirer la marmite du feu, plonger la carpe vivante et poser rapidement le couvercle. Après quelques secondes, retirer la carpe de l'eau chaude et l'écailler rapidement avec un bon couteau.

Une fois écaillée, la plonger dans de l'eau froide pour la raffermir, l'égoutter, la vider, nettoyer avec soin l'intérieur, couper les nageoires avec des ciseaux et l'essuyer soigneusement.

Pour préparer la farce, émincer les échalotes, hacher le porc confit ou frais, ajouter les truffes coupées en petits dés et le foie gras coupé en plus gros cubes.

Emietter finement le pain rassis et lier le tout avec l'œuf entier. Saler, poivrer et ajouter le cognac ou une bonne eau-de-vie. Placer la farce à l'intérieur de la carpe et la ficeler bien serré.

Recouvrir la carpe avec la graisse fine ou du beurre, déposer le bouquet garni, l'oignon et la carotte coupée en rondelles. Ajouter le verre de madère, le vin blanc et l'eau. Saler et poivrer. Laisser cuire 1 heure environ en retournant la carpe à mi-cuisson.

Arroser souvent. Laisser prendre une belle couleur.

Sortir la carpe, la réserver au chaud et, passer la sauce au tamis. Servir bien chaud la carpe et sa sauce.

Variante : la carpe farcie peut être réalisée à moindres frais et c'est très bon aussi. Remplacer alors les truffes par 1 ou 2 cèpes, et le foie gras par un petit morceau de lard et une tranche de jambon que l'on mélange au confit de porc. Ajouter du persil, du cerfeuil et du basilic. Poursuivre comme pour la recette ci-dessus et au moment de servir, passer le jus de cuisson et le lier avec un ou deux jaunes d'œufs. On peut y ajouter quelques graines de capucines au vinaigre. Servir la sauce très chaude.

La Falleta

. 1 kg 500 de poitrine d'agneau

Pour le bouillon :
. 2 oignons
. 3 clous de girofle
. 3 carottes
. 1 bouquet garni
. sel, poivre

Pour la farce :
. 2 bols de mie de pain de campagne
. 2 bol de lait ou de bouillon
. 2 jaunes d'œufs
. 1 œuf entier
. 400 gr de viande (jambon ou lard et gorge de porc ou chair à saucisse)
. 1 gros bouquet de persil et de fines herbes
. 500 gr de feuilles d'épinard plus ou moins

Préparer un bouillon avec les carottes, les oignons piqués des clous de girofle puis saler et poivrer.
Pendant ce temps, dédoubler la poitrine avec le dos d'une cuillère et la coudre sur trois côtés afin d'obtenir une poche pour y mettre le farci. On peut demander au boucher de préparer la poche.

Préparer la farce en faisant tremper la mie de pain rassise dans un bol de bouillon ou de lait chaud puis, égoutter et laisser refroidir la mie de pain.
Hacher les viandes (on peut aussi ajouter des restes de volaille ou de confit). Hacher aussi les fines herbes, l'échalote, les feuilles d'épinard et les feuilles de blettes. Ajouter l'ail pressé, le sel et le poivre. Lier avec les œufs. Manier le tout pour obtenir un mélange bien homogène. Remplir la poche avec la farce et bien refermer, en tassant, à hauteur de la farce. Faire cuire dans le bouillon pendant 2 heures. Servir le bouillon avec ou sans vermicelles et pendant ce temps passer la poitrine au four pour la faire légèrement dorer. Couper de belles tranches et servir chaud avec des pommes de terre bouillies, ou froid avec une bonne salade.

. 500 gr de feuilles de blettes plus ou moins
. 2 gousses d'ail
. 2 échalotes
. sel, poivre

Variante : on peut utiliser de la poitrine de veau et mettre plus ou moins de viande et toutes les herbes du jardin, selon son goût. Le temps de cuisson est le même sauf si l'on préfère cuire la poitrine au four ou en cocotte. 30 à 40 minutes suffisent alors, mais il faut faire revenir quelques échalotes, ajouter de l'ail en chemise, un peu d'eau et arroser de temps en temps.

Brochet à la broche

. 1 brochet
. 150 g de ventrêche
. 1/2 bouteille de vin blanc sec
. sel, poivre

Pour la sauce :
. 2 ou 3 échalotes
. 1 cuil. de graisse fine
. 2 jaunes d'œuf
. graines de capucines confites ou câpres
. sel, poivre

Tremper le brochet dans l'eau bouillante pour l'écailler facilement puis le mettre à raffermir dans l'eau froide. Une fois égoutté, vidé et essuyé, le piquer de petits lardons, le ficeler, l'embrocher devant un feu bien ardent. Saler, poivrer et arroser souvent de vin. Laisser cuire environ 30 à 40 minutes selon grosseur. Un peu avant la fin de la cuisson, préparer la sauce : faire revenir les échalotes dans une cuillérée de graisse fine ou de beurre et ajouter un peu du vin blanc tomber dans la lèchefrite. Lier la sauce au dernier moment avec deux jaunes d'œufs, saler et poivrer si nécessaire et ajouter une poignée de graines de capucines confites dans le vinaigre ou de câpres.

Pieds de porc au safran

. 1 pied de porc par personne
. stigmates de safran
. graisse de canard
. 4 cuil. de farine
. 2 oignons

Pour le court-bouillon :
. 2 oignons
. 2 à 3 carottes
. 4 clous de girofle
. 1 bouquet garni
. 2 verres de vin blanc
. 1/2 verre de vinaigre
. sel, poivre

Comme pour l'ase du cochon au safran, préparer un court-bouillon avec l'eau, les oignons piqués de clous de girofle, les carottes, le bouquet garni, le vin blanc et le vinaigre. Saler, poivrer et porter à une douce ébullition.
Mettre les pieds dans le court-bouillon les laisser cuire une heure puis les égoutter.
Par ailleurs, faire revenir les deux autres oignons dans la graisse de canard sans les laisser brunir.
Ajouter les pieds égouttés et coupés en deux dans le sens de la longueur et les faire revenir avec les oignons.
Ajouter les stigmates de safran que l'on aura mis à tremper dans un petit bol d'eau tiède pendant 20 à 30 minutes ainsi que le jus jaune de la décoction. Saupoudrer alors avec la farine et recouvrir du jus du court-bouillon.
Mettre le couvercle sur la cocotte et laisser mijoter 20 à 30 minutes. Servir sur des assiettes chaudes.

Desserts et confitures

Cuisson du sucre avec ou sans pèse-sirop

Avec le pèse-sirop, les degrés baumés indiquent le stade de cuisson idéal pour lequel le sirop est destiné.

Le Grand Lissé : goutte qui s'allonge un peu en filet entre les doigts (30 degrés).

Le Perlé : filet plus long et plus consistant (33 degrés).

Le Filet : filet qui s'étend sans se rompre (35 degrés).

Petit Soufflé : tremper l'écumoire dans le sirop et souffler à travers les trous. S'il se forme des petites bulles qui s'échappent, le sucre est au petit soufflé (37 degrés).

Grand Soufflé : procéder comme pour le petit soufflé, les bulles qui s'échappent sont plus grosses (38 degrés).

Le Petit Boulé : tremper le doigt dans l'eau fraîche puis dans le sucre en ébullition puis de nouveau dans l'eau. Si l'on peut former une boule molle, on est au Petit Boulé (39 degrés).

Le Gros Boulé : la boule devient plus ferme qu'au Petit Boulé (41 degrés).

Le Petit Cassé : le sucre casse et colle aux dents.

Le Grand Cassé : le sucre se brise comme du verre.

Caramel : le sucre se colore plus ou moins selon la durée de la cuisson.

Beignets de bouillie de maïs

- . 250 g de farine de maïs
- . 1/2 l d'eau
- . 1/2 l de lait
- . 1 cuil. de crème fraîche
- . 100 gr de beurre
- . 3 oeufs
- . 1 pincée de sel

Faire une bouillie avec l'eau, le lait et la farine de maïs. Retirer du feu et ajouter les œufs, la crème fraîche et le beurre. Mélanger bien le tout, à feu très doux, sans faire bouillir. La verser dans des assiettes plates pour qu'elle refroidisse et durcisse pendant plusieurs heures.
Couper alors en quatre ce qui ressemble à des galettes et les fariner. On peut aussi faire des ronds dans la pâte.
Faire frire des deux côtés dans une poêle avec de l'huile.
Une fois bien dorés et croustillants, servir les beignets sur un plat chaud, saupoudrés de sucre, de confiture ou de miel, selon le goût de chacun.

Variante : on peut réaliser ces beignets sans beurre et sans crème fraîche.

D'un village à l'autre, ces beignets portent le nom de « Cruchades » ou sont appelés Milhas.

Clafoutis

. 500g de cerises dénoyautées
. 4 à 6 oeufs
. 100 g de sucre
. 200 g de farine
. 1/2 l de lait chaud
. 70 g de sucre cristallisé
. 1 pincée de sel

Mélanger la farine, le sucre, le sel et les œufs et ajouter progressivement le lait chaud. Beurrer un moule, en garnir le fond avec les fruits et verser la préparation par-dessus.

Cuire à four moyen pendant 30 à 40 minutes. Servir à température ambiante, saupoudré de sucre cristallisé.

Variante : on peut faire la même recette avec des abricots, des poires ou des prunes.

Confiture de châtaignes

. 1 kg de châtaignes épluchées
. 750 g de sucre

Fendre l'écorce des châtaignes, les faire griller et retirer la première peau.

On peut aussi les mettre sur une plaque, dans un four bien chaud, les arroser d'un demi-verre d'eau pour 500 g et laisser 10 à 15 minutes.

Les plonger ensuite pendant environ 30 minutes dans de l'eau bouillante, les éplucher quand elles sont encore chaudes et les écraser pour les réduire en purée.

Verser alors dans la bassine à confiture, ajouter le sucre et faire cuire doucement pendant 30 minutes en remuant souvent. Verser la confiture encore bouillante dans les bocaux.

Variante : fendre l'écorce des châtaignes et les plonger 5 à 10 minutes dans l'eau bouillante, ce qui permet de retirer les deux peaux avant de les réduire en purée. Ensuite, préparer un sirop au perlé, y jeter la purée et laisser cuire doucement pendant 30 minutes. On peut mettre aussi le même poids de sucre que de purée de châtaignes.

Confiture de mûres

- 1 kg de mûres
- 750 g de sucre cristallisé
- 1/2 verre d'eau

Laver les mûres, les égoutter et les mettre à macérer la veille, avec le sucre et l'eau, à l'abri des fourmis.
Porter à ébullition et compter 20 à 25 minutes de cuisson.
Mettre en pots.
On dit que la confiture de mûres est bonne pour la gorge.

Variante : j'utilise la même recette avec des framboises.

Confiture de figues

. 750 g de sucre
. 1 kg de figues
. 1 citron

Peler la moitié des figues et conserver les autres avec la queue. Faire un sirop avec le sucre et ajouter un jus de citron par kilo de fruits. Lorsque le sirop est au boulé, y jeter les fruits et laisser cuire 5 bonnes minutes. Sortir les figues entières avec une passoire et les égoutter. Continuer la cuisson du sirop avec le jus égoutté, à feu vif, pendant 15 minutes. Remettre les figues dans le sirop et laisser cuire doucement environ 20 minutes. La confiture est cuite lorsqu'elle forme une perle sur une assiette froide.

Confiture de dents-de-lion

. 365 fleurs de pissenlit
. 2 oranges
. 2 citrons
. 1,5 l d'eau
. 1 kg de sucre roux

Cueillir les fleurs de pissenlit ouvertes, les laver à grande eau et les faire sécher au soleil, 2 à 3 jours, dans un panier ou sur un linge propre. Retirer la partie verte à la base des fleurs pour supprimer l'amertume.

Mélanger les fleurs, l'eau, les citrons et les oranges coupées et faire bouillir pendant 1 heure à faible ébullition.

Puis, filtrer et exprimer le jus, le verser dans la bassine à confiture, ajouter le sucre et remettre sur le feu pendant 45 minutes en tournant régulièrement. Au besoin, poursuivre la cuisson jusqu'à la consistance d'un miel.

Dans le pays, on appelle ça, tout simplement, la confiture de fleurs de pissenlit, moi je préfère dire de dents-de-lion car cela amuse les enfants. En plus, c'est bon et conseillé pour les maux de gorge et les affections des bronches.

Gâteau aux noix

. 3 œufs
. 250 g de sucre
. 145 g de beurre dont 20 pour le moule
. 25 cl de lait
. 250 g de farine
. 100 g de cerneaux de noix
. 1 paquet de levure
. 40 g de sucre vanillé

Commencer par hacher grossièrement les cerneaux de noix et les réserver. Réduire le beurre en pommade, incorporer le sucre et les jaunes d'œufs un par un. Ajouter la farine, la levure, le lait, le sucre vanillé et bien travailler le tout. Battre les blancs en neige et les incorporer délicatement ainsi que les cerneaux de noix hachés. Verser le tout dans un moule beurré et fariné. Cuire à feu moyen pendant 45 minutes. Décorer avec des cerneaux de noix.

Confiture de prunes

. 1 kg de prunes
. 1 kg de sucre
. 700 g d'eau

Laver, séparer et dénoyauter les prunes. Ensuite, les peser et préparer un sirop en mêlant le sucre et l'eau et chauffer jusqu'à l'ébullition.
Maintenir la cuisson jusqu'au perlé. Le sirop doit tomber en gouttes épaisses sur une assiette froide.
Lorsque le sirop est prêt, y jeter les fruits. Les retirer à la première ébullition, les égoutter, les réserver et faire bouillir le sirop jusqu'à ce qu'il soit de nouveau au perlé.
Alors, y déposer à nouveau les prunes et porter à ébullition. Retirer du feu et mettre en pots.
On peut utiliser toutes les variétés de prunes.

Compote de rhubarbe

. 1 kg de rhubarbe
. 300 g de sucre

Laver les tiges de rhubarbe et les couper en tronçons, sans les peler. Cuire sur feu doux avec le sucre pendant 20 à 25 minutes. Servir froid avec des biscuits.

Confiture de rhubarbe

. 2 kg de rhubarbe
. 1,5 kg de sucre
. 1/4 de l d'eau
. 1 jus de citron

Laver, parer et couper la rhubarbe en tronçons de 2 cm environ. Porter à ébullition la rhubarbe, l'eau et le jus de citron et laisser mijoter jusqu'à ce qu'elle soit bien tendre. Ajouter alors le sucre en remuant pour bien le dissoudre. Porter à ébullition et faire cuire à gros bouillons pendant 30 à 45 minutes. Vérifier la cuisson en versant une goutte de confiture sur une assiette froide. Elle doit faire une perle. Écumer et mettre en pots.

Variante : ajouter 2 à 3 cuillérées de feuilles de menthe hachées très fin, dans un verre, avec les ciseaux.

Crème à l'italienne

. 1 l de lait
. 4 ou 5 oeufs
. 250 g de sucre en poudre
. 1 bâton de cannelle
. 1 pincée de sel

Faire bouillir le lait avec le sucre, la pincée de sel et le bâton de cannelle. Battre les œufs entiers. Mélanger avec le lait. Verser dans un plat et cuire à four doux pendant 45 minutes.

Gelée de coings

. 1 kg de jus de coings
. 1 kg de sucre

Choisir des coings bien mûrs. Les essuyer avec un linge sans les laver. Les couper en quartiers. Retirer les cœurs en conservant les pépins et les mettre dans un nouet de mousseline ou un tissus usagé bien noué car c'est dans les pépins que se trouve la pectine. Recouvrir les quartiers avec de l'eau, mettre le nouet contenant les cœurs et les pépins et laisser cuire 20 à 25 minutes.

Quand les quartiers sont cuits, les mettre au-dessus d'un tamis et les égoutter, sans les presser, si l'on veut récupérer un jus bien clair. Peser le jus des coings et ajouter le même poids de sucre. Faire bouillir 10 minutes. Ecumer et mettre en pots.

Crème aux pruneaux

. 250 g de pruneaux
. 50 g de sucre
. 1/3 l d'eau
. 1 l de crème anglaise

Pour la crème anglaise :
. 1 l de lait

Choisir des pruneaux bien frais et tendres et les faire tremper 3 à 4 heures dans de l'eau froide. Les faire cuire dans leur eau de trempage pendant 1 heure, à feu doux, avec le sucre. Piler les pruneaux et les faire réduire encore dans leur jus de cuisson. Les réduire en purée, les laisser refroidir et les mélanger à la crème anglaise.

. 6 jaunes d'œuf
. 150 g de sucre
. 1 gousse
de vanille

Pour préparer la crème anglaise, mettre le lait à bouillir avec la gousse de vanille et, dans une terrine, travailler les jaunes et le sucre jusqu'à faire un ruban.
Verser peu à peu le lait bouillant dessus en mélangeant bien avec un fouet. Remettre le tout dans une casserole et faire épaissir à feu très doux, de préférence au bain-marie, en remuant constamment avec une cuillère en bois jusqu'à ce que la crème nappe la cuillère. Il ne faut surtout pas laisser bouillir car la crème tournerait.
Si la crème a tourné, la verser par petites quantités dans une bouteille. Boucher la bouteille et agiter énergiquement pendant 3 à 4 minutes. La crème reprend alors corps.

Beignets au sucre

. 125 g de farine
. 2 œufs
. 1 cuil. d'eau-de-vie
. sel

Mettre la farine dans une terrine. Faire un puits, ajouter quelques cuillerées d'eau, une cuillère d'eau-de-vie, du sel et un jaune d'œuf. Laisser reposer 1 à 2 heures. Le moment venu, incorporer vivement deux blancs d'œuf battus bien ferme. Plonger dans la friteuse et saupoudrer de sucre.

Cette pâte convient pour des beignets sucrés ou salés.

Confiture de tomates vertes

- 1,5 kg de tomates vertes pelées et épépinées
- 1,5 kg de sucre
- 2 citrons
- 1 gousse de vanille (facultatif)

Dans une bassine, couper les tomates pelées et épépinées en tranches très fines, ainsi que les citrons.
Fendre la gousse de vanille dans le sens de la longueur et l'ajouter. Verser le sucre, mélanger et laisser macérer une nuit.
Faire cuire ensuite à feu doux pendant au moins 1 heure, dans la bassine à confiture.
Vérifier la cuisson en versant quelques gouttes sur une assiette froide. Les gouttes doivent figer tout de suite. Sinon, prolonger un peu la cuisson. Mettre en pots.

Poires au vin

- 500 g de petites poires fermes
- 200 g de sucre
- 20 cl de vin rouge
- 1 pincée de cannelle

Cueillir des poires d'hiver, en novembre, celles qui sont dures comme des pierres et ne se mangent pas à la main. Les éplucher en conservant la queue. Les recouvrir de vin et les faire cuire avec les épices et le sucre. Laisser cuire au moins 30 à 40 minutes.

2 baies de genièvre ou 1 clou de girofle
1 soupçon de muscade

Dresser les poires debout, queues en l'air, dans un compotier, arroser avec le jus et laisser refroidir. Servir à température.

Variante : on peut réaliser la même recette avec de belles figues bien fermes, juste mûres. Pour les figues, 20 minutes de cuisson suffisent.

Cajasse

250 g de farine
250 g de sucre
5 œufs
250 g de lait
40 g de sucre vanillé
20 g de beurre
1 pincée de sel

Mélanger le sucre, la farine, le sel, les œufs et le sucre vanillé. Ajouter progressivement le lait. La pâte doit rester liquide. Verser dans un moule bien beurré et mettre à cuire à four moyen pendant 35 minutes environ. Servir avec de la confiture ou des fruits en salade.

Beignets d'acacia

. des grappes de fleurs à volonté

Pour la pâte à frire :
. 250 g de farine
. 1 noix de levure de boulanger
. 1 cuil. d'huile
. 2 œufs
. 1 pincée de sel
. eau tiède

Mettre la farine dans une terrine. Faire un puits, ajouter l'huile et la levure délayée. Mélanger en ajoutant l'eau tiède au fur et à mesure des besoins jusqu'à obtenir une pâte faisant ruban. Ajoutez un blanc d'œuf battu 1 minute à la fourchette.

Laisser reposer au moins deux heures et aromatiser alors la pâte avec une bonne eau-de-vie.

Le matin de préférence, couper de belles grappes de fleurs bien épanouies, les tremper une à une dans la pâte et les plonger dans l'huile bouillante. Laisser cuire 5 à 6 minutes, les égoutter sur un linge et les saupoudrer de sucre cristallisé.

Variante : plus rapide mais moins croustillante, on peut aussi préparer la pâte à frire avec 2 œufs, 8 cuillères à soupe de farine, 10 cuillère à soupe d'eau, une d'huile et une pincée de sel. Mettre alors la farine dans une terrine, faire un puits et y verser les œufs entiers, l'huile, le sel et un peu d'eau. Mélanger en ajoutant l'eau tiède au fur et à mesure des besoins.

Œufs à la neige

Pour la crème anglaise :
. 5 jaunes d'œufs
. 150 g de sucre
. 1 gousse de vanille
. 1/2 l de lait

Pour les blancs en neige :
. 6 blancs d'œufs
. 200 g de sucre
. 3 gouttes de vanille

Mettre le lait à bouillir avec la gousse de vanille et le sucre et pendant ce temps, séparer les blancs des jaunes, réserver les jaunes et battre les blancs en neige très ferme. Au moment où le lait monte, y jeter le blanc, cuillérée par cuillérée. Laisser monter, retourner, laisser monter à nouveau puis les retirer à l'aide d'une écumoire et les laisser égoutter. La cuisson ne doit pas dépasser plus de 2 minutes en tout. On peut aussi faire pocher les blancs d'œufs dans de l'eau bouillante.

Pour la crème, travailler les jaunes et le sucre jusqu'à faire un ruban. Verser peu à peu le lait bouillant dessus en mélangeant bien avec un fouet. Remettre le tout dans une casserole et faire épaissir à feu très doux, de préférence au bain-marie, en remuant constamment avec une cuillère en bois jusqu'à ce que la crème nappe la cuillère. Il ne faut surtout pas laisser bouillir car la crème tournerait.

Si la crème a tourné, la verser par petites quantités dans une bouteille. Boucher la bouteille et agiter énergiquement pendant 3 à 4 minutes. La crème reprend alors corps.

Pastis du Quercy

- . 900 g de farine
- . 8 œufs
- . 500 g de beurre
- . 300 g de sucre
- . 20 cl d'eau-de-vie (facultatif)
- . 1 grand verre d'eau tiède
- . 10 g de sel
- . 200 g de sucre
- . pommes ou poires

Il faut préparer la pâte la veille. Pour cela, faire une fontaine avec la farine et y mettre l'eau et le sel puis les œufs et 100 g de beurre effeuillé.

Pétrir environ 30 minutes pour obtenir une pâte fine et laisser reposer 2 heures.

Etirer la pâte sur une longue table farinée, le plus finement possible, sans faire de trous, à la main, en partant du centre. Laisser la pâte ainsi sécher et le lendemain lorsqu'elle est bien sèche, étendre le beurre fondu et bien mousseux avec une plume d'oie ou un pinceau et la saupoudrer de sucre. Déposer les pommes ou les poires émincées et plier la pâte en couches sur toute la longueur, sans la serrer. La rouler, toujours sans serrer et la déposer en rond dans un plat beurré et l' arroser avec l'eau-de-vie. Faire cuire selon la taille, dans la tourtière avec de la braise dessous et sur le couvercle, ou dans un four chaud, 45 minutes environ.

Variante : Et pour se faciliter la vie, on peut découper des disques de la grandeur de la tourtière et les déposer délicatement les uns sur les autres sans oublier le beurre fondu et le sucre.

Mamie Flo asperge chaque disque d'un peu d'eau-de-vie., on fait mariner les pommes la veille, dans de l' eau-d-vie avec un peu de sucre. Et, pour que ce soit joli, il faut chiffonner à la main le dernier cercle. On peut réaliser aussi le pastis avec une pâte feuilletée très fine. On peut aussi ne pas mettre de fruits. Il faut alors, après avoir étendu le beurre fondu, badigeonner la pâte avec un sirop de sucre.

Tante Anne-Marie qui nomme ce gâteau la croustade le réalisait toujours pour Mardi gras. C'est un dessert très long et très délicat à réaliser.

Pruneaux au thé

450 g de pruneaux d'Agen
1/2 l de thé
100 g de sucre
1 pincée de vanille

Choisir de beaux pruneaux d'Agen. Les laver et les faire tremper pendant 1 heure à l'eau froide. Egoutter. Dresser dans un compotier. Préparer le thé et le verser bouillant sur les pruneaux. Ajouter le sucre, la vanille et laisser refroidir et macérer 2 à 3 heures.

Pâte de coings

. 500 g de pulpe
. 500 g de sucre

En octobre, choisir des coings bien mûrs et bien jaunes. Les essuyer avec un linge sans les laver. Les couper en quartiers. Retirer les cœurs en conservant les pépins et les mettre dans un nouet de mousseline ou un tissus usagé bien noué car c'est dans les pépins que se trouve la pectine.

Mettre les quartiers de coings dans une bassine à confiture avec le nouet contenant les cœurs et les recouvrir avec de l'eau. Laisser cuire 20 à 25 minutes après le début de l'ébullition. Quand les quartiers sont cuits, les mettre au-dessus d'un tamis et les égoutter sans les presser si l'on veut récupérer le jus de coing pour faire de la gelée qui ainsi restera claire. Quand les coings sont égouttés, peser la pulpe et ajouter le même poids de sucre.

Mélanger et faire recuire en tournant doucement, sans arrêt, jusqu'à ce que la pâte se détache de la bassine et prenne couleur.

Verser alors la pâte sur un marbre huilé ou une boîte en métal. Saupoudrer de sucre semoule et laisser sécher au moins 4 jours. Si l'automne est pluvieux et la maison humide il faudra plus de temps. Découper au couteau ou mieux, avec un découpoir à caramel et conserver dans des boîtes garnies de papier blanc. Ces pâtes se conserveront ainsi pendant des mois.

Variante : une fois la pâte versée, on peut y incorporer des noix fraîches.

Pets de nonne

- 6 oeufs
- 250 g d'eau
- 100 g de beurre
- 200 g de farine
- 20 g de sucre
- 10 g de sel
- vanille
- huile pour friture

Verser dans une casserole l'eau, le sel, le sucre, le beurre coupé en morceaux ainsi que la vanille et porter à ébullition. Hors du feu, verser toute la farine d'un seul coup et bien dessécher la pâte à feu doux en tournant sans arrêt.

La pâte ne doit pas cuire mais former une boule se détachant bien de la casserole. Retirer alors la casserole du feu et incorporer les œufs entiers, un par un.

Laisser refroidir avant utilisation. Faire chauffer l'huile et, avec une cuillère à soupe, préparer de petites boules de pâte grosses comme une noix. Les jeter dans l'huile peu chaude et faire cuire 6 à 8 minutes environ puis égoutter et servir les pets de nonne saupoudrés de sucre.

Pruneaux au vin

. 500 g de pruneaux
. 100 g de sucre
. 25 cl de vin rouge
. 50 cl d'eau
. 1 pincée de cannelle
. 1 citron

Choisir de beaux pruneaux, les laver et les faire tremper 1 à 2 heures, à l'eau froide. Les égoutter et les placer dans un compotier. Couper le citron en rondelles. Faire bouillir ensemble le sucre, le vin, l'eau, la cannelle et le citron et verser le mélange bouillant sur les pruneaux. Laisser macérer 2 ou 3 heures.

Merveilles

Pour 15 merveilles :
. 300 gr de farine
. 2 oeufs
. 50 gr de beurre
. 1/2 verre de lait
. 1/2 verre de sucre en poudre
. 1 cuil. à café de rhum
. 1/2 sachet de levure
. vanille
. 2 pincée de sel

Mettre la farine et la levure dans une terrine et faire une fontaine. Tiédir le lait et, hors du feu, ajouter le beurre en tournant, puis le sucre et la vanille. Verser les œufs et le sel dans la fontaine, puis le mélange de lait de beurre et de sucre. Pétrir jusqu'à ce que la pâte ne colle plus aux doigts. Laisser reposer 2 à 3 heures. Sur une table farinée, étaler la pâte en une fine couche, découper des rectangles d'environ 12 sur 6 centimètres et les fendre en deux par le milieu avec un couteau, sans les détacher totalement. Faire frire les merveilles dans de l'huile bouillante et les saupoudrer de sucre.

Gâteau de maïs au potiron

- . 200 g de potiron
- . 3/4 l de lait
- . 250 g de farine de maïs
- . 250 g de sucre
- . 4 œufs
- . 100 g de beurre
- . vanille

Cuire le potiron dans le lait sucré et une fois cuit, le réduire en purée dans le lait. Monter les blancs d'œuf bien fermes et réserver les jaunes. Travailler alors la farine de maïs avec le beurre et les jaunes d'œuf.

Verser dessus le mélange de lait et de potiron, bien remuer, et parfumer à la vanille. Ajouter les blancs d'œuf et verser le tout dans un moule bien beurré. Cuire à four moyen pendant 25 minutes.

Servir ainsi ou en accompagnement d'une salade de pissenlits.

Crème brûlée du XVIIIe siècle

Pour les fêtes, surtout celles de fin d'année

. 5 jaunes d'œufs
. 1 cuillérée de farine
. écorces d'orange confites
. 125 g de sucre en poudre
. 1 l de lait

Délayer les jaunes d'œufs avec la farine et le sucre en poudre. Verser le lait peu à peu et y ajouter un peu d'écorces d'orange confites hachées menu. Mettre la casserole sur le feu et remuer toujours en prenant garde qu'elle n'attache pas au fond. Lorsqu'elle est bien cuite, la verser dans un plat et la mettre sur le fourneau allumé. Laisser cuire encore jusqu'à ce que la crème s'attache au bord du plat. Retirer du fourneau et saupoudrer la crème de sucre. Prendre alors la pelle du feu bien rouge et en brûler le dessus de la crème pour qu'elle prenne une belle couleur.

Pour la faire plus délicate, on peut y mêler, après avoir versé le lait, des pistaches ou des amandes pilées avec une goutte de fleur d'oranger.

Fouace

- . 600 g de farine
- . 15 g de levure
- . 5 œufs
- . 125 g de sucre
- . 125 gr de beurre
- . 5 cl d'essence de citron
- . 150 g de cédrat
- . quelques gouttes de vanille ou plus
- . 10 g de sel
- . sucre glace ou cassonade

Dans une casserole, préparer un sirop avec le sucre, le beurre, l'essence de citron, et la vanille. Faire tiédir le mélange et lorsque le beurre est fondu, retirer la casserole du feu et réserver. Tamiser la farine, faire une fontaine et y déposer les œufs, le sel et la levure délayée dans un peu d'eau tiède. Pétrir longuement la pâte et y incorporer le sirop. Bien corser la pâte puis la faire lever pendant 2 heures dans un endroit tiède en la protégeant d'un linge. La rompre et la mettre au frais pendant 2 heures encore. La laisser pousser une deuxième fois puis confectionner une coque de forme ovale ou plusieurs petites et y incorporer le cédrat coupé en fines lamelles. Lorsqu'elles ont doublé de volume, les dorer avec un œuf battu et pratiquer une incision en leur centre.

Faire cuire 35 minutes à four moyen pour une coque de 500 grammes. Au sortir du four, saupoudrer de sucre glace ou de cassonade. Il est préférable de préparer la pâte la veille au soir.

Clémence fait ses coques du lundi de Pâques avec la même recette. Elle ajoute un peu de rhum dans le sirop de sucre et ne met pas de cédrat. C'est très bon.

Crème brûlée à la vanille

. 1 l de crème fraîche liquide
. 8 jaune d'œufs
. 125 g de sucre semoule
. 1 gousse de vanille
. 100 g de cassonade

Mélanger les jaunes d'œufs avec le sucre puis ajouter la crème fraîche. Déposer la gousse de vanille et faire cuire à four doux pendant 1 heure 30.

Laisser refroidir. Quand la crème est bien froide, la recouvrir de cassonade et caraméliser la surface avec la pelle du feu bien rougie.

Gâteau aux noix du Pouillou

. 200 g de sucre
. 150 g de noix moulues
. 125 g de farine
. 2 dl d'huile
. 4 œufs
. 2 cuil. à café de levure
. 1 cuil. à soupe d'eau-de-vie

Verser tous les ingrédients dans l'ordre et mélanger. Verser dans un moule beurré et fariné d'environ 24 centimètres de diamètre. Cuire 45 minutes à feu doux.

Le recouvrir 5 minutes avant de le démouler. Laisser bien refroidir avant de servir.

La pescajoune aux fruits de saison

. 2 pommes ou poires
. 100 gr de farine de blé noir
. 3 œufs
. 20 cl de lait
. 50 gr de sucre
. 40 gr de beurre ou d'huile
. 300 gr de pommes
. 5 cl d'eau-de-vie de prunes
. 1 pincée de sel

Peler les fruits, les émincer en tranches fines et les faire macérer pendant 1 heure dans l'eau-de-vie de prunes. Egoutter les fruits, et dans une terrine, délayer la farine avec les jaunes d'œufs, le sel, le beurre fondu et le lait froid. Ajouter les blancs battus en neige ferme et l'eau-de-vie puis incorporer les fruits. La pâte sera assez épaisse. La verser dans une grande poêle graissée avec une noix de beurre ou de l'huile. Faire dorer et cuire comme une omelette et, en la retournant à l'aide d'un plat, cuire l'autre face. Servir chaud, saupoudrée de sucre fin, ou de confiture si l'on n'a pas mis de fruits.

Il s'agit en fait d'une pâte à crêpe que l'on cuit en une seule fois. Ici ou là on appelle ça aussi les « Farinettes ».

Variante : la pescajoune peut être réalisée sans eau-de-vie et pour gagner du temps on peut ne pas battre les blancs en neige en incorporant alors les œufs entiers. Sans le sucre, elle peut être servie pour accompagner une viande, ou seule avec une salade.

Le pruna

. 500 g de fruits de saison (cerises, reines-claudes, etc..)
. 60 g de farine
. 125 g de sucre
. 1/4 de l de lait
. 4 œufs
. eau-de-vie de prunes
. sel

Laver, équeuter et dénoyauter les fruits. Bien beurrer un plat à tarte et y déposer les fruits. Mélanger la farine, le sucre, la pincée de sel et les œufs puis incorporer le lait petit à petit. Verser la pâte sur les fruits et faire cuire à four moyen pendant 45 minutes.

Variante : faire une pâte briochée, l'étaler dans un plat, y poser des prunes rouges assez fermes de préférence, recouvrir de pâte, arroser éventuellement d'un peu d'eau-de-vie de prune et faire cuire à four moyen.

Les cambedouilles

. 500 g de farine
. 100 g de lait
. 75 g de beurre
. 75 g de sucre semoule
. 3 œufs
. 15 g de levure de boulanger
. 10 g de sel

Préparer la pâte la veille : dans une terrine, mettre la farine en fontaine, y casser les œufs, y mettre le beurre fondu, le sucre, le sel et la levure délayée dans un peu de lait tiède. Mélanger le tout et bien travailler la pâte jusqu'à ce qu'elle se détache de la terrine et la laisser lever dans un endroit tiède. Après 2 heures environ, rompre

. vanille
. huile à friture

la pâte et la déposer dans un endroit frais pendant 12 à 14 heures. L'étirer ensuite en petits morceaux et couper des bâtons de 3 centimètres d'épaisseur et de 12 à 15 centimètres de long. Faire cuire dans une friture chaude mais pas trop. Déposer les cambedouilles sur un linge absorbant et saupoudrer de sucre avant de servir.

La tourte aux prunes d'Huguette à Saint-Sozy

. 1 kg de prunes
. 3 ou 4 oeufs
. 20 cl de crème épaisse
. 3 verres de sucre
. 3 verres de farine
. un peu de vanille liquide
. 1/2 sachet de levure
. 1 pincée de sel

Dans une terrine, verser le sucre et les œufs. Bien battre les œufs et le sucre puis ajouter la farine, la crème, la vanille, la levure et la pincée de sel. Bien mélanger le tout. Beurrer un moule à tarte, y verser la pâte et dénoyauter les prunes au-dessus de la pâte afin que le jus coule dedans. Cuire à four doux 1 heure environ.

Cette pâte à tarte convient à tous les fruits juteux.

Tarte aux pruneaux

Pour la pâte :
- . 200 g de farine
- . 2 cuil. à soupe de sucre en poudre
- . 100 g de beurre
- . 40 g de sucre
- . 6 à 8 cuil. à soupe d'eau
- . 1 pincée de sel

Pour la garniture :
- . 600 g de pruneaux
- . 2 l de thé très fort
- . 6 à 8 cuil. à soupe de marmelade d'abricots
- . 2 à 3 cuil. à soupe de cointreau

La veille au soir, laver les pruneaux, préparer une infusion de thé très fort, très concentré, et y faire tremper les pruneaux pendant la nuit.

Au moment, préparer la pâte à tarte. Couper alors le beurre en petits morceaux, le mélanger à la farine, ajouter le sel, le sucre, puis l'eau, juste assez pour obtenir une pâte assez souple. Rouler la pâte en boule sans la pétrir et la laisser reposer 1 à 2 heures.

Dénoyauter les pruneaux. Etaler la pâte sur 3 millimètres d'épaisseur et en garnir un moule à tarte légèrement beurré. Déposer joliment les pruneaux sur la pâte en les serrant bien. Faire cuire à four très chaud pendant 30 minutes.

Délayer la marmelade d'abricots dans le cointreau et étaler le mélange sur la tarte au sortir du four.

Servir la tarte chaude ou froide.

Le massepain

- 6 à 10 œufs
- 250 g de farine
- 250 g de sucre
- 40 g de sucre vanillé
- 1 sachet de levure
- beurre

Séparer les blancs des jaunes d'œufs et battre longuement les jaunes avec le sucre et le sucre vanillé afin d'obtenir une pâte lisse qui fera comme un ruban. Mélanger la farine avec la levure. Battre les blancs en neige très ferme et incorporer tour à tour 1cuillerée de farine, 1cuillerée de blanc d'œuf. Délayer doucement jusqu'à ce que tout soit mélangé. Verser dans un moule bien beurré et fariné et faire cuire 30 minutes environ à four moyen.
C'est une pâte, très légère, vite cuite, elle ne doit pas être saisie car elle monte vite et le dessous peut accrocher.

Variante : battre les jaunes, le sucre et le sucre vanillé jusqu'à l'obtention d'un ruban. Incorporer alors la farine tamisée avec la levure puis les blancs montés en neige bien ferme. Faire cuire de la même façon.

Boissons, liqueurs et condiments

Câpres de pissenlits

. jeunes boutons floraux
. gros sel
. vinaigre d'alcool

Récolter et laver de très jeunes boutons de fleurs de pissenlits. Les couvrir de gros sel pendant une douzaine d'heures (comme pour les cornichons) et les laver à grande eau pour éliminer l'excédent de sel.
Bien les égoutter, pendant plusieurs heures et les mettre en bocal. Recouvrir de vinaigre et fermer le bocal avec un bouchon de liège. On peut commencer à les consommer un mois après.

Il est possible de remplir le bocal au fur et à mesure des récoltes en respectant la recette. Il faut que les câpres soient toujours immergés dans le vinaigre.

Châtaignes à l'eau-de-vie

. des châtaignes
. 1 l d'eau-de-vie

Faire griller des châtaignes, les éplucher (retirer les deux peaux) et mettre les plus belles dans de l'eau-de-vie pendant 2 mois. On peut aussi les mettre sur une plaque, dans un four bien chaud, les arroser d'un demi-verre d'eau pour 500 g et laisser 8 à 10 minutes.

Variante : fendre l'écorce des châtaignes et les plonger 5 minutes dans l'eau bouillante. Cela permet de retirer les deux peaux. Les laisser sécher un peu sur un linge propre et, de même, plonger les plus belles dans l'eau-de-vie.

Prunes à l'eau-de-vie

- 1 kg de prunes
- 250 g de sucre cristallisé
- 1 l d'eau-de-vie

Remplir un bocal avec de belles prunes pas trop mûres dont on a conservé la queue. Saupoudrer chaque lit de fruits avec le sucre cristallisé. Ajouter l'eau-de-vie. Fermer le bocal hermétiquement, le retourner et le mettre au soleil pendant une quinzaine de jours. La chaleur du soleil permet au caoutchouc de bien adhérer. Laisser macérer 8 semaines avant de consommer.

Variante : on peut réaliser cette recette avec toutes les variétés de prunes mais aussi avec des cerises, des abricots, des pêches ou des poires. On peut piquer les fruits avec une aiguille avant de les mettre en bocaux.

Cèpes au vinaigre

. petits cèpes bien fermés
. vinaigre blanc
. échalotes
. ail
. sel
. poivre en grains

Nettoyer les champignons, les égoutter et bien les laisser sécher sur un linge. Les déposer dans des bocaux, ajouter deux gousses d'ail et deux échalotes, un peu de sel et quelques grains de poivre. Recouvrir de vinaigre 1 à 2 cm au-dessus du niveau des cèpes.

Servir les cèpes au vinaigre avec un bouilli comme le pot-au-feu ou mêlés à la salade quercynoise.

Champignons marinés à la menthe et à l'origan

. 500 g de girolles ou de cèpes
. 1/4 l de vinaigre d'alcool
. 1/2 l d'eau
. 2 gousses d'ail
. 8 feuilles de menthe sèche
. 2 brins de menthe fraîche

Cueillir des fleurs d'origan bien épanouies. Nettoyer les champignons. Faire bouillir l'eau, ajouter le vinaigre et le gros sel et porter à nouveau à ébullition. Verser les champignons et les laisser cuire pendant 3 à 5 minutes.

Il faut qu'ils restent un peu fermes. Les égoutter et les déposer dans des bocaux. Ajouter les gousses d'ail pelées et coupées en fines lamelles, les feuilles de menthe sèches, les flocons et les brins d'origan, un peu de sel et de poivre.

. 4 brins d'origan frais avec ses fleurs
. huile d'olive
. sel

Recouvrir d'huile 1 à 2 cm au-dessus du niveau des champignons. Laisser mariner au moins 24 heures avant de servir. Décorer avec quelques feuilles de menthe fraîche. Servir en accompagnement de viandes ou poissons froids.

Tomates vertes au vinaigre

. tomates vertes
. vinaigre d'alcool blanc
. 3 gousses d'ail
. 2 branches d'estragon
. gros sel
. 12 grains de poivre

Laver, égoutter les tomates, les piquer avec une fine aiguille et les placer dans un pot en grès avec l'ail, l'estragon et le poivre.
Faire bouillir le vinaigre avec 20 g de sel par litre, pendant 5 minutes et le verser bouillant sur les tomates. Laisser macérer 24 heures.
Egoutter les tomates et recueillir le vinaigre. Le faire bouillir à nouveau et le verser sur les tomates que l'on a remises dans le pot en grès. Le vinaigre doit recouvrir les tomates d'au moins 3 à 4 cm au-dessus.
Laisser macérer 30 jours et plus avant de les servir comme condiments, autour de viandes froides.

Graines de capucines au vinaigre

. graines de capucines
. vinaigre blanc
. 3 échalotes
. 1 gousse d'ail
. 8 grains de poivre
. 1 branchette d'estragon

Lorsque les capucines ne sont plus en fleur, recueillir les graines vertes et tendres et les verser dans un plat avec du gros sel toute une nuit. Les égoutter, les essuyer, les mettre dans un bocal, bien les tasser et les recouvrir d'un bon vinaigre blanc. Ajouter les échalotes, l'ail, les grains de poivre et la branchette d'estragon.

Les graines de capucines s'utilisent comme les câpres.

Anis

. 1 verre d'anis étoilé
. 12 grains de café
. la peau de 3 oranges séchées
. 1 gousse de vanille
. 1/2 l d'eau-de-vie à 50°

Découper les peaux d'orange séchées et les déposer dans un bocal. Ajouter l'anis étoilé, les grains de café et la gousse de vanille. Recouvrir le tout d'eau-de-vie. Bien boucher le bocal et laisser macérer plusieurs mois avant de l'utiliser.

L'anis sert à parfumer les beignets et les pâtisseries.

Prunes au vinaigre

. prunes
. vinaigre blanc
. 2 branches d'estragon
. sel, poivre

Laver et égoutter les prunes dont on a conservé les queues. Les placer dans un pot en grès. Faire bouillir le vinaigre pendant 5 minutes et le verser bouillant sur les prunes. Laisser macérer 24 heures. Égoutter et recueillir le vinaigre. Le faire bouillir à nouveau et le verser bouillant, sur les prunes que l'on a remises dans le pot en grès. Ajouter quelques branches d'estragon, du poivre et un peu de sel. Laisser macérer 15 à 20 jours au moins avant de les servir comme condiments, autour de viandes froides.

Liqueur d'origan

. 150 g de fleurs
. 1 l d'eau-de-vie
. 500 g de sucre

Choisir des fleurs bien épanouies et les mettre à macérer avec le sucre, dans l'eau-de-vie, pendant 40 jours. Filtrer.

L'origan qui pousse dans les terres calcaires est aussi appelé marjolaine. Il est conseillé pour les problèmes d'estomac.

Liqueur de fleurs d'acacia

. 1 bocal de fleurs d'acacia
. 1 l d'eau-de-vie

Pour 1/2 l de sirop de sucre :
. 450 g de sucre
. 1 l d'eau

Remplir un bocal de fleurs d'acacia fraîchement cueillies au mois de mai. Les tasser un peu et les recouvrir d'eau-de-vie. Laisser macérer 15 jours au soleil. Ajouter alors un demi-litre de sirop pour un litre d'eau-de-vie. Mettre en bouteilles et boucher hermétiquement.
Pour confectionner le sirop de sucre, mettre le sucre et l'eau sur feu modéré et remuer fréquemment jusqu'à ce que le sucre soit bien fondu. Amener à ébullition et faire bouillir 5 à 8 minutes, jusqu'à l'obtention d'un sirop léger.

Vin d'aubépine

. 4 verres de fleurs d'aubépine
. 5 l de vin blanc
. 1 l d'eau-de-vie
. 1 kg de sucre

Mélanger le tout, laisser macérer pendant 40 jours, filtrer et mettre en bouteilles.

Liqueur de genièvre

- . 1 l d'eau-de-vie à 50°
- . 1 bon verre de graines de genièvre vertes
- . 1/2 citron
- . 1 gousse de vanille
- . 1 pincée de safran

Pour le sirop :

- . 350 g de sucre
- . 1 l d'eau

Laver et peler le citron et découper la peau en lanières. Ouvrir la gousse de vanille si l'on souhaite accentuer ce parfum. Laisser macérer le tout pendant 3 semaines. Filtrer et ajouter un sirop de sucre préparé en faisant chauffer le sucre et l'eau quelques minutes. Laisser refroidir. Mettre en bouteilles et boucher hermétiquement.

Liqueur de verveine du Pouillou

- . 15 g de feuilles fraîches
- . 1 l d'eau-de-vie

Pour le sirop de sucre :

- . 450 g de sucre
- . 1 l d'eau

Cueillir les feuilles fraîches au mois de juillet et les faire macérer dans l'eau-de-vie pendant 6 à 7 jours. Filtrer et ajouter le sirop de sucre. Laisser reposer pendant 15 jours et filtrer à nouveau. Mettre en bouteilles et boucher hermétiquement.

Pour confectionner le sirop de sucre, mettre le sucre et l'eau sur feu modéré et remuer fréquemment jusqu'à ce que le sucre soit bien fondu. Amener à ébullition et faire bouillir 5 minutes, jusqu'à l'obtention d'un sirop léger.

Vin de prunellier

- 5 l de bon vin
- 2 kg de jeunes repousses de prunelliers
- 1 kg de sucre
- 1 l d'eau-de-vie

Cueillir au printemps des petits rejets de buissons noirs de prunelliers qui se coupent facilement avec les doigts. Les mettre à macérer dans le vin pendant 3 jours. Pas plus car passé ce temps, le vin risque de tourner. Filtrer. Ajouter le sucre et l'eau-de-vie.

Variante : Avec la même recette, on peut faire du vin de noix avec les repousses de noyer, sans mettre de noix.

Liqueur de prunelles sauvages

- 2 verres de noyaux de prunelles
- 1 l d'eau-de-vie

Pour le sirop de sucre :

- 1 l d'eau
- 450 g de sucre

Ramasser les prunelles après les premières gelées, en novembre ou décembre quand elles sont bien mûres, ainsi la chair se détachera facilement car il ne faut garder que les noyaux. Laver les noyaux et c'est très important, bien les sécher. Les mettre alors à macérer dans un bocal fermé, avec l'eau-de-vie pendant trois à quatre semaines. Après ce temps, filtrer et ajouter le sirop de sucre.

Pour confectionner le sirop de sucre, mettre le sucre et l'eau sur feu modéré et remuer fréquemment jusqu'à ce que le sucre soit bien fondu.
Amener à ébullition et faire bouillir 5 à 8 minutes, jusqu'à l'obtention d'un sirop léger.

Liqueur de prunelles de Montvalent

. 200 g de prunelles
. 150 g de sucre
. 1 l d'eau-de-vie

Ramasser les prunelles noires en novembre ou en décembre après les premières gelées. Les mettre entières ou écrasées à macérer dans l'eau-de-vie, pendant 45 jours et filtrer. Préparer le sirop de sucre en le faisant bouillir quelques minutes avec un bon verre d'eau. Le laisser refroidir et l'ajouter à la préparation. Laisser alors macérer trois semaines avant de consommer.

Liqueur de noix

. 1 l d'eau-de-vie de marc
. 25 noix vertes
. 2 g de noix de muscade
. 2 g de cannelle
. 1 clou de girofle
. 500 g de sucre semoule
. 150 g d'eau

Broyer les noix et les déposer dans un bocal. Faire dissoudre le sucre dans l'eau puis l'ajouter à l'eau-de-vie de marc et bien mélanger. Verser sur les noix, ajouter la cannelle, le clou de girofle et la noix de muscade. Agiter le bocal bien fermé et laisser macérer pendant 1 mois. Après ce temps, filtrer et mettre en bouteilles. Laisser vieillir.

Vin de noix

On prête des vertus fortifiantes au vin de noix.

. 15 noix pilées
. 1 litre d'eau-de-vie
. 5 litres de bon vin rouge
. 500 g de sucre

Cueillir des noix bien vertes le jour de la Saint-Jean et les piler. Laisser macérer les noix dans l'eau-de-vie pendant trois mois dans un récipient hermétique. Filtrer le mieux possible et ajouter le sucre et le vin. Mettre en bouteilles et boucher hermétiquement. Les premiers jours remuer le mélange puis laisser reposer au frais une quinzaine de jours. Servir très frais.

Variantes :

1) Le vin de noix d'Huguette à Saint-Sozy : Dans un récipient, couper 25 noix vertes en quatre, ajouter

5 litres de vin rouge, 1kg 250 de sucre en poudre, 1,250 l d'eau-de-vie de fruits, 4 bâtons de vanille coupés dans le sens de la longueur et 3 oranges coupées en quatre. Bien remuer et laisser macérer 2 mois avant de filtrer.

2) Mettre 80 grammes de feuilles de noyer et 20 noix vertes dans 1 litre d'eau-de-vie pendant 10 jours, Ajouter 5 litres de vin blanc ou rouge et laisser macérer 3 mois. Filtrer et ajouter le sucre.

3) Cueillir 1kg de feuilles de noyer, les faire un peu sécher au soleil et ensuite les faire macérer 2 à 3 semaines dans 5l de vin, 1l d'eau-de-vie et 1kg de sucre. Après ce temps, il faut filtrer et mettre en bouteilles.

Ratafia

. 3 litres de jus de raisin
. 1 litre d'eau-de-vie de marc
. 300 g de sucre

Au moment des vendanges, prélever le jus de raisin non fermenté et y faire fondre le sucre. Ajouter le marc et mettre en bouteilles. Laisser vieillir un an. Si on reçoit beaucoup de monde, on peut préparer le ratafia dans un fût et le laisser vieillir. Servir à l'apéritif.

Index des recettes

Table des matières

Dans la même collection

Cahier n° 1 : Mes recettes normandes
Cahier n° 2 : Mes recettes provençales
Cahier n° 3 : Mes recettes bretonnes
Cahier n° 4 : Mes recettes auvergnates
Cahier n° 5 : Mes recettes du Languedoc et des Cévennes
Cahier n° 6 : Mes recettes charentaises
Cahier n° 7 : Mes recettes angevines
Cahier n° 8 : Mes recettes savoyardes
Cahier n° 9 : Mes recettes du Dauphiné et de la Drôme
Cahier n° 10 : Mes recettes limousines
Cahier n° 11 : Mes recettes berrichonnes
Cahier n° 12 : Mes recettes picardes

Maquette : Ambre Morin

Achevé d'imprimer
sur les presses d'Oberthur Graphique à Rennes
en mars 2006

N° d'impression : 7007